Joseph Roumanille

# contes provençaux

# d'hier et d'aujourd'hui

# LE COQ

Il était une fois une poule. À sa dernière couvée, —tant il est vrai de dire qu'il ne faut jamais compter sur tous les œufs qu'on met sous les ailes de la couveuse, — elle ne fit éclore que sept poussins ; tous les autres œufs furent clairs ou couvis et, sur les sept qui vinrent à bien, il y eut six poulettes… et un petit coq.

C'est lui qui porta malheur à la couvée ! À lui tout seul, il donna plus de peine et de souci à sa mère que toutes ses sœurettes ensemble.

À peine un brin de crête commençait à poindre sur sa tête, qu'il se dressa sur ses ergots et se serra les flancs pour crier ki-ki-ri-ki ; et quand, au moindre gloussement, ses sœurs obéissantes accouraient se serrer sous l'aile de la mère, lui, monsieur Poulet, courait la prétentaine, si bien qu'un jour il faillit tomber sous la griffe d'un gros chat noir. Il s'en tira par miracle et en fut quitte (avertissement du ciel dont il ne sut point profiter) pour boiter légèrement. S'il avait été un brave petit poussin, le gros chat noir l'eût à coup sûr dévoré.

Un matin qu'il se battit avec les poulettes, il en éborgna trois et endommagea fort les autres. Sa mère l'appela pour lui faire une semonce, mais le mauvais petit garnement lui coupa la parole :

—Ki-ki-ri-ki ! lui cria-t-il. Ah ça, vois-tu, mère, ça m'ennuie et je ne puis plus manger tes œufs durcis et ton petit-riz. Je veux m'en aller. Na !

—Tu veux t'en aller !… Et où veux-tu t'en aller, petit morveux ?

—Voir du pays.

—Du pays ! Voyez-vous ça ! fit la mère poule. C'est tout juste si ta crête commence à paraître — si l'on peut appeler ça une crête ! Tu peux à peine digérer la pâtée de son et les grains que je te trouve en picorant, et tu veux t'en aller ? Tu n'as pas de queue ; tes plumes ne sont encore que poils follets… Allons ! nigaudet, fais-toi grand et sage ; et quand tu auras toutes tes plumes, quand ta crête aura fini de pousser, alors, si tu veux t'en aller, eh bien ! tu partiras.

—Moi, je te dis que je veux m'en aller…

Un mois, deux mois passèrent ; et quand petit poulet fut devenu gros coq, quand sa queue retomba en longues plumes d'or, et qu'il eut une crête rouge comme du sang ; quand, finalement, son frêle ki-ki-ri-ki fut devenu un sonore et fier ka-ka-ra-ka, il s'en crut beaucoup plus que Maître-Mouche, — ce premier moutardier du pape[1]

— Cette fois-ci, la vieille! cria-t-il à sa mère, c'est pour de bon, jour de Dieu! Je pars.

— Mon enfant, lui dit sa mère, tu veux donc me laisser seule?... Oui, je suis vieille... et malade!...

— Je veux voir du pays et faire fortune.

— Eh bien! pars; car, à la fin, tu m'assommes. Ah! tenez, faites des coqs, pauvres poules!... ils ne sont pas plus tôt sortis de leur coquille qu'ils veulent s'en aller. Et puis, parlez des enfants! Tu t'en repentiras... Mais laisse-moi te donner quelques conseils, ingrat: garde-toi, si tu t'en vas, des ennemis que tu peux rencontrer en route, des mauvais compagnons, des lectures malsaines, des mauvaises maisons, des poulettes folâtres, eh! que sais-je moi!... des joueurs, des cuisiniers et surtout de saint Pierre. Je te contais la chose l'autre jour: il eut, dans le temps, de grosses raisons avec un de tes devanciers.

Ainsi parlait mère poule, et son galopin de fils ne l'écoutait pas!

Et il partit, oubliant, le malheureux! de faire ses adieux à sa mère qui en pleurant le regarda s'éloigner.

Et notre coq de marcher, de marcher pour voir du pays et faire fortune.

Quand il fut proche d'Avignon, il rencontra Seigneur le Vent hors d'haleine; il avait tant soufflé que, n'en pouvant plus, il allait rendre l'âme.

— Brave coq, lui dit Seigneur le Vent, le souffle va me manquer, tu le vois. J'ai soif: fais-moi, au nom de Dieu, la charité d'une goutte d'eau.

— De l'eau?... Il y a de l'eau au Rhône, lui répondit notre vagabond, en lui lançant un railleur ka-ka-ra-ka!

Et de marcher! de marcher!

Alors Seigneur le Vent, indigné d'une telle dureté de cœur, ne souffla mot, mais se dit en lui-même: si jamais je le pince, il me le paiera!

Et le jeune routier voyait du pays, encore du pays! mais... de fortune point!

Il cherchait comme il pouvait sa misérable vie: ici, près des paillers, dans les aires; là, par les chaumes et les friches et, la nuit venue, blotti dans quelque vieux tronc de saule, il ne dormait que d'un œil de peur que maître Renard ne vînt le réveiller avant l'heure.

Un matin aussi, après avoir fait un mauvais songe dont il était encore tout

---

[1] *Se crèire lou premié moutardié dou papo,* se donner de l'importance.

inquiet, il rencontra Monseigneur le Feu, qui avait faim (il a toujours faim, Monseigneur le Feu), et qui, mourant d'épuisement, lui dit :

—Charitable coq, mon ami, aie pitié de moi ! J'ai faim. Je sens que je vais m'éteindre, si tu ne me fais pas, au nom de Dieu, la charité d'une poignée de paille !

—De la paille ?… Si tu veux de la paille, répond le mauvais drôle, va-t-en au mas de mon maître : il n'en manque pas dans la crèche de l'âne. Va manger de la paille, mon bon ! et grand bien ça te fasse !

Là-dessus, il lui tourne le dos, en chantant ka-ka-ra-ka !

Alors, Monseigneur le Feu, rougissant de s'entendre plaisanter de la sorte par ce petit vaurien :

—Toi, pensa-t-il, je te ferai ton compte quelque jour et il n'y manquera pas un sou ! Oh ! ce polisson !

C'est ainsi qu'allant, venant, clopinant d'un pays à l'autre, et souventes fois pâtissant et regrettant la pâtée de son et les œufs durcis de son mas, il se trouva —pour son malheur ! —devant l'église de Saint-Pierre éblouissante de candélabres d'or et de la lumière étoilée des cierges, et tout embaumée d'encens. L'orgue chantait et soupirait doucement, tous les fronts étaient baissés : c'était l'Élévation ! Saint Pierre lui-même disait la messe !

Notre coq —ah ! folle tête de jouvenceau malappris et mal embouché ! —entre en tapinois dans l'église, se faufile dans un coin et, de toutes ses forces, fait éclater un formidable ka-ka-ra-ka ! puis s'esquive vite, vite !

Grand fut le scandale ! On ouït un long murmure. Les fidèles se retournaient et chuchotaient entre eux. Ah ! malheureux, si l'on t'avait pris ! L'insolent ! se permettre dans l'église un tel carnaval ! Le calice faillit tomber des mains du vieux prêtre qui eut grand'peine à achever la messe. Ce maudit ka-ka-ra-ka —pensez donc ! —était venu lui remettre devant les yeux l'horrible péché de sa vie ; et, pour un peu, l'affront qu'il venait de recevoir lui aurait fait croire que le bon Dieu ne lui avait pas encore pardonné son reniement.

Pourtant, messe dite, —un peu emporté, comme de coutume, —le grand saint Pierre voulut punir le coupable.

Le coupable, pressentant bien qu'on allait lui donner la chasse comme à un larron, avait couru se cacher dans l'écurie d'une auberge, où, un instant après, vint le cuisinier plumer une poule. Pas plus gros qu'un pois, notre ka-ka-ra-ka se pelotonna derrière une trousse de foin. Le cuisinier s'en avisa, le saisit, ouvrit son couteau, et…

—Pitié! lui crie alors le malheureux! je suis innocent… J'ai perdu ma mère, et je la cherche! Il faut me juger avant de me tuer. Prenez pour juge qui vous voudrez et vous me condamnerez si je suis en faute.

Le cuisinier, voyant que le vagabond cherche à gagner du temps, n'en veut point perdre: il ferme son couteau, ouvre la porte…

Et à pleine porte, entre soudain comme un follet Seigneur le Vent, qu'une bonne pluie venait de ranimer.

—À mort! dit Seigneur le Vent, à mort l'effronté qui, l'autre soir, me voyant près de rendre l'âme, m'a refusé une goutte d'eau et s'est moqué de moi.

—À mort! s'écria Monseigneur le Feu, que l'hôtesse venait d'attiser; à mort l'impudent malappris qui me renvoya insolemment à la crèche de l'âne, quand, au nom de Dieu, je lui demandai la charité d'une poignée de paille. Ce va-nu-pieds!

Le cuisinier allait rouvrir son couteau, lorsque entra, tout suant et faisant sonner les clefs pendues à sa ceinture, un vénérable vieillard, belle tête chauve et crâne luisant, barbe tombant en longues mèches blanches.

—Voici mon sauveur! se dit le patient tout tremblant.

—Voilà le misérable! dit saint Pierre, —car c'était bien lui!— dont le chant impie, dans l'église et devant tout le monde, m'a fait rougir jusqu'au blanc des yeux. L'affront a été si sanglant que je n'osais plus, encore un peu, me retourner pour bénir le peuple: je ne l'avais que trop entendu rire de ma faute et de ma confusion! Or donc, que le coupable soit puni.

«Toi, cuisinier, bourreau de coqs, saigne-le, plume-le, et que la broche vire!

«Toi, Feu, rôtis-le!

«Et moi, Pierre, je m'en vais le planter, lui et sa broche, à la belle cime de mon clocher, afin que là, désormais, il serve d'exemple aux coqs orgueilleux, galopins et mécréants.

«Et toi, Seigneur Vent, que tu viennes du septentrion ou du midi, de l'orient ou de l'occident, souffle! souffle!

«Secoue-le! harcelle-le! fais-en ton jouet, et qu'il grince et geigne sans trêve, aujourd'hui, demain et dans les siècles des siècles!»

Ainsi dit, ainsi fait.

Pauvre coq!… Imbécile! que n'écoutais-tu ta mère?

Et saint Pierre disparut comme une fumée.

Et voilà d'où vient, nous disait ma mère-grand, que tant de coqs geignent et grincent sur la boule de tant de clochers.

CHATTES, CHATS ET CHATONS

Une vieille fille d'Avignon, dévote à trente-six carats et faiseuse de patricotages, âgée de cinquante-cinq ans et plus, laide comme le péché, sèche comme un parchemin, plus grincheuse qu'un puits-à-roue, gourmande comme une chatte et méchante comme la gale, avait mille écus de rente, une langue de vipère, des lunettes vertes et quatre gros chats, sans compter deux chattes, dont, sans désemparer, l'une était pleine quand l'autre mettait bas.

Autant il y a de mois dans l'année, autant de fois elle changeait de domestique, —la mégère! Souvent elle en renvoyait deux par mois, et chattes, chats et petits chats en étaient sans cesse la cause. Toujours les domestiques avaient tort et les chats toujours raison. Les chats n'étaient pas assez bien servis, les chats dérobaient tout et il ne fallait point fouetter les chats.

D'où vient donc que la brave Babet est au service de la vieille guenon depuis plus de dix-huit mois, ce qui est, je vous le jure, un beau miracle du bon Dieu?

En voici le pourquoi: quand, en entrant dans la place, Babet vit que chattes, chats et chatons y étaient plus maîtres que la maîtresse:

—Il faut s'en débarrasser, dit-elle, et que cette vieille peste m'ordonne elle-même de les noyer dans le Rhône.

Ce n'était point petite besogne, vous en conviendrez. Elle en vint néanmoins à bout. C'est à ne pas y croire!

C'était aux environs des Avents. Tous les matins, pendant qu'à la sainte messe la vieille masque[2] s'endormait sur sa chaise, sa chaufferette sous les pieds et son chapelet à la main, Babet, au moment où chattes, chats et chatons étaient assis en rond autour de l'âtre, saisissait un nerf de bœuf, faisait le signe de la croix: *Au nom du Père, et du Fils…* et v'lin! et v'lan sur les bêtes!

Chaque matin, elle se signait, et les faisait déjeuner en leur époussetant ainsi le dos.

Dès qu'ils entendaient l'*Au nom du Père* de la servante, les chats se disaient en leur patois:

—Voici l'éclair! gare le tonnerre! Et ils partaient, le diable au corps.

Lorsque les chats eurent de cette façon appris à danser sans autre musique:

—Mademoiselle, dit Babet à sa maîtresse, vite faites-moi mon compte.

---

[2] Sorcière.

—Que t'arrive-t-il, Babet?

—Ah! si vous saviez!… Ça fait frémir!… Je veux m'en aller.

—Pourquoi veux-tu t'en aller? Tu ne gagnes pas assez, toi aussi…?

—Vos chats ne sont pas des chats, Mademoiselle!

—Tu dis…?

—Vos chats sont des diables faits chats[3]. Il ne leur manque plus que des cornes, vous dis-je; et pour sûr, il va leur en pousser. Mêmement que je les ai vues poindre sur la tête du gros noir!

—Leur en pousser!… Es-tu folle?

—Imaginez-vous, Mademoiselle, que quand je fais le signe de la croix, ainsi que tout bon chrétien doit le faire, vos diables de chats ne se possèdent plus, effarés comme des Lucifers qu'ils sont. Seigneur-Dieu! ô grand Saint Michel, prince du Paradis! qu'arriverait-il si on les aspergeait d'eau bénite?… Mon compte, vous dis-je!

—Miséricorde!… Serait-ce vrai?

—Vrai comme vous êtes une digne et sainte demoiselle. Tenez, vous allez voir ça.

Babet se signa: *Au nom du Père*!… Les chats pressentirent le nerf de bœuf et il y eut au logis un fameux remue-ménage!

—Jésus! Marie! Joseph! s'écria la vieille, nous sommes tous perdus! Ne m'abandonne pas, Babet! Au secours!… Grand Dieu, pardon!… Vite, va les noyer et que je ne les voie plus dans la maison!

Et Babet, à la nuit tombante, vite, alla noyer chattes, chats et chatons.

---

[3] Les chats sorciers ont un nom en provençal: *matagoun* (du vieux français *matagot*, singe). Si on leur témoigne du respect, ils peuvent apporter la fortune aux habitants de la maison.

## LES DANSEURS DE JONQUIÈRES

En dix-sept cent et tant, l'an qu'il prit robe rouge et chaperon cramoisi doublé de velours bleu, M. de Langaste, nommé Consul, paya de ses sous et deniers une fête aux Jonquiérois.

Ce fut le jour des Rois, un beau dimanche, qu'il fit chanter les cigales[4] en plein hiver et qu'il lassa les tambourinaires de l'endroit, tant l'on but toute la nuit dans ses salons et tant l'on dansa dans la grande salle de son château.

Mais, bien que ses vingt ans fussent en fleur et qu'elle fût, tout l'an, jours et fêtes, habillée des dimanches, la fille unique du nouveau Consul, Damoiselle Juliane fit tapisserie au bal : pas un jouvenceau, mêmement pas un galant vieux qui voulût la faire danser !

Allez donc chercher ! elle était un tantinet boiteuse, un brin grêlée, des yeux louches et bordés d'anchois… et dans tout ça (elle la portait, après tout, d'une façon charmante), sa petite bosse se voyait à peine. Que voulez-vous ?

Et quand, à l'aube, le bal prit fin, Damoiselle Juliane, au bras de sa mère, sortit, le cœur gonflé, de la grande salle, rafraîchissant de ses pleurs les mouchoirs de ses yeux.

—Juliane, ma fille belle, lui dit le lendemain Monsieur le Consul, va ! sois tranquille ; dorénavant tu danseras tant que tu voudras ! je t'en réponds !

Et, ce jour même, le fourrier de ville, à son de trompe, publia, par tous les coins et recoins de Jonquières :

« Au nom du roi, et de la part de Monsieur de Langaste, par la grâce de Dieu, noble Consul de Jonquières, on fait savoir à notre peuple que toutes les fois et quantes qu'on dansera, soit de jour, soit de nuit, dans notre cité de Jonquières, les danseurs prendront les danseuses à la file. Sept heures de carcan puniront les contrevenants, s'il y en a.

« Ainsi le veut, ainsi l'ordonne Monsieur de Langaste, noble Consul de Jonquières. »

Si elle fut contente, Damoiselle Juliane de Langaste, ça ne se demande pas ! Toutes les fois qu'il y eut bal à Jonquières, fût-ce de nuit, fût-ce de jour, elle dansa, dansa !… et fit danser sa petite bosse tant que le cœur lui en dit.

---

[4]  La locution provençale « faire chanter les cigales » signifie : faire la fête, boire, s'enivrer.

Et de là vient ce vieux dicton provençal : *Prendre à la file, comme à Jonquières quand on danse.*

## MONSIEUR COUMBESCURE

Au temps où les vice-légats la faisaient *couler si douce* aux Avignonnais, alors que, pour quelques sous les Avignonnaises rapportaient de la Place-Pie leurs cabas pleins à crever, il y avait en Avignon, pas bien loin de la petite Place-du-Change, un marchand d'ornements d'église qui s'appelait Monsieur Coumbescure.

Pas n'est besoin d'affirmer que ce Monsieur Coumbescure était un excellent chrétien; mais il est bon de savoir qu'il était fort parcimonieux, ce qui le faisait traiter de gros avare par les mauvaises langues. Il ne jetait pas son lard aux chiens, non, certes! il préférait le garder pour lui. Il faisait bonne vie, était grassouillet, replet et fort bien jambé. Un peu sournois et *frayant seul*, il ne connaissait que son magasin et les prêtres qui le fréquentaient, n'en sortant que pour entrer à l'église, fêtes et dimanches, quand frappait le dernier coup de la messe ou des vêpres.

Veuf et sans enfants, il avait pour unique compagnon un petit chien-loup tout malingre, qui, le jour, aboyait aux mendiants, et la nuit, aux voleurs, si besoin était. Si le chien n'était pas gras, Monsieur Coumbescure avait de la chair sur les os et plus de graisse sur la chair que d'esprit dans la tête. Pourtant son petit train-train allait à merveille; il savait faire ses comptes et mettait jaunets sur jaunets[5]. Il n'est pas nécessaire de savoir le latin ni de voir à travers les murailles pour vendre dix écus ce qui en coûte cinq. Le tout est d'avoir de la pratique.

En Avignon, il y avait aussi, en ce temps-là, — temps de bénédiction et qu'on doit regretter, temps où les gens vivaient dans la joie, — il y avait un joyeux plaisant, si fameux et d'un tel renom qu'on parle et qu'on parlera encore long-temps de ses mystifications et des bonnes farces auxquelles il se livrait. On le nommait Maître Alary. — Un vieux vient de mourir qui l'avait connu. — Il me plaît aujourd'hui de vous conter le tour qu'il joua, un beau lundi de Pentecôte, à Monsieur Coumbescure.

---

[5] Entassait les pièces d'or.

Il alla le trouver après la messe d'onze heures et lui dit :

—Monsieur Coumbescure, vous ne me connaissez peut-être pas ? Nous sommes pourtant un peu cousins du côté de ma femme.

—Il me semble, en effet, vous reconnaître… Ne seriez-vous pas… de Barbentane ?

—Précisément… Jacques Tavel, propriétaire. Il faudra me servir en ami.

—En parent, cousin… Voyons ! qu'y a-t-il pour votre service ?

—Il y a… que j'ai un neveu. Il a pris la soutane, et vienne la Trinité, —c'est dans quelques jours, —il dira sa première messe. Quel jour mémorable pour lui ! Et quel brave enfant nous avons là, cousin ! Je voudrais lui faire un présent. Je ne regarderai pas à la somme. Si nous tombons d'accord, comme je l'espère, j'aurai l'argent au bout des doigts et —vous pouvez m'en croire —il ne vous manquera pas un sou.

—Oh !… mon cousin ! fit Monsieur Coumbescure… avec un joli sourire de marchand sur les lèvres. Eh ! que voudriez-vous de beau ?

—Je voudrais lui donner tout ce qu'il faut à un prêtre pour dire la messe, tout, moins le missel, le calice et les burettes,

—Je comprends, mon cousin, répondit Monsieur Coumbescure, que l'espoir d'un gros bénéfice alléchait… Je comprends ! Il vous faut une aube, une étole, une chasuble et le manipule. Grâce à Dieu, cousin, vous aurez du choix… Je viens justement de recevoir de Lyon… Vous allez voir ça !

Et notre homme, âpre au gain, l'eau à la bouche, ouvre ses armoires et ses longs tiroirs et, délicatement, il étale le long de son comptoir ce qu'il a de plus riche et de mieux ouvragé : des aubes qui faisaient plaisir à voir, avec de fines dentelles sur les manches, jusqu'aux coudes et, par le bas, jusqu'aux genoux ; et des étoles et de grandes chapes et des chasubles brodées par des mains de fées avec de beaux grains de raisins d'or et de superbes épis d'or, le tout étincelant, éblouissant et digne finalement de resplendir sur l'échine d'un Archevêque. Il y avait de quoi rester bouche béante.

—Ah ! par exemple, cousin, voilà qui est superbe, flambant-neuf et riche ! fit Maître Alary, fasciné. Je ne croyais pas qu'en Avignon, on pût faire emplette d'ornements aussi pompeux. Vous êtes somptueusement assorti et approvisionné. Je vous en fais tous mes compliments, cousin. Le tout est, voyez-vous, que vous soyez raisonnable et surtout que les objets soient à la taille de notre tonsuré. Je n'ai point sa mesure et ne peux la lui prendre car c'est une surprise que je veux lui faire.

—Vous avez raison, cousin… On s'en passera. Ça ne colle pas, ces ornements ! Dites-moi, est-il grand ? Est-il petit, est-il gros, le cousin, votre neveu ?

—Ni gros, ni petit, ni grand, à peu près de votre encolure… peut-être un peu plus replet que vous, peut-être un peu moins… Tenez, mon avis, à vue de nez, est que l'aube et la chasuble qui vous iraient lui iraient comme un gant.

—Si nous essayions ? fit Monsieur Coumbescure, de plus en plus affriandé.

—Comme il vous plaira, riposta Maître Alary.

Monsieur Coumbescure, pour faire valoir sa marchandise et en faciliter la vente, s'affuble d'une aube superbe qui semble faite pour lui et la serre sur ses hanches ; puis il croise par-dessus une étole et noue le cordon par derrière ; et puis, *zan !* il jette sur ses épaules une chasuble splendide qui lui sied à ravir ; puis il se campe, le front haut, les yeux bas et raide comme un pieu, il ouvre les bras comme s'il allait dire : *Dominus vobiscum…* Tout à coup, Maître Alary prend sur le comptoir une des chasubles étalées, la plie en deux temps, la fourre sous son bras, le tout en moins de temps que je n'en mets à le dire, ouvre la porte et se sauve en courant, comme s'il avait le diable à ses trousses.

Notre marchand, qui se voit volé comme dans le bois de Cuges, s'élance à la poursuite du voleur, allongeant le pas à se décarcasser et criant comme un perdu :

—Attrapez-le, attrapez-le !

Quand les allants et venants, qui foisonnent par les rues —pensez donc, en Avignon ! un lundi de Pentecôte n'a jamais été et jamais ne sera un jour ouvrier ! —quand les allants et venants virent ce prêtre bizarre, venant de dire la messe ou de s'ajuster pour la dire, courir et courir, ahuri comme un juif, criant et hurlant, une main en l'air, et de l'autre, retroussant son aube pour ne pas s'y empêtrer et l'endommager, ils furent saisis de stupeur et, ma foi ! ne surent plus s'il retournait pique ou carreau !

Le chien-loup allait devant aboyant aux talons du voleur !

Oh ! mais, dès que l'on sut, —et la chose s'ébruita vite, car, dès le matin, Maître Alary avait eu bien soin, le gueusard ! de dire à l'oreille de Jean, de Pierre et d'Antoine, le tour qu'il allait jouer —dès que l'on sut pourquoi M. Coumbescure se trémoussait ainsi, tout essoufflé et *emprêtrisé*, il y eut de ces clameurs folles, de ces battements de mains, de ces grands éclats de rire gouailleur!…

Monsieur Coumbescure, *pecaire*, tirant une langue d'une aune, tout en eau, suant, la face convulsée et rouge comme un poivron mûr, avait tant couru, il soufflait si fort, tant sa bedaine lui avait pesé, que, n'en pouvant plus, il s'était effondré!

⚞

On raconte qu'un soldat du Pape, un hercule, le ramassa au Puits-des-Bœufs, où le voleur, dont le chien-loup avait mis la culotte en lambeaux, rendit la chasuble volée. Le soldat le chargea sur ses épaules, —à la chèvre morte, —et le porta comme en triomphe jusqu'à la Place-du-Change, au milieu d'une foule immense et délirante, qui criait, transportée d'enthousiasme:

Vive! et vive Maître Alary!

⚞

Modeste comme doit l'être tout homme d'un vrai mérite, Maître Alary s'était éclipsé… pour aller changer de culotte.

## LES PERDREAUX

Ceci se passa dans notre bel Avignon, du temps que Berthe filait. Elle filait de la soie, elle dévide maintenant de l'étoupe! Heureux temps où l'on n'avait pas, comme aujourd'hui, la fureur de faire fortune rapidement; où les gens se contentaient de ce qu'ils avaient, sans envier ce qui ne leur appartenait pas; où l'on faisait bouillir son pot à petit feu, où l'on vivait pour travailler et l'on travaillait pour vivre. Et puis, quand cela les prenait, ils riaient de leur bon gros rire, car en ce monde, il y a toujours assez et trop de temps pour pleurer!

Un jour donc, sur les deux heures après midi, au café Saint-Didier, où, l'après-dîner et le soir en toute saison et quelque temps qu'il fit, se réunissaient, pour engager une partie de cinq-cents ou de tré-sept autour d'une bouteille de clairette, quelques riches et gros bonnets du voisinage et les courtiers engraissés et enrichis par le commerce de la soie, un jour entra le célèbre Maître Alary, lequel en contait ou en ourdissait toujours quelqu'une. Il plaisanta toute sa vie, et acheva de rire juste au moment où, ne pouvant plus respirer, il expira.

—Oh! pour le coup!... fameux! dit-il en entrant, le sourire aux lèvres.

—Contez-nous vite ça tout chaud, demandent les habitués.

—Dépêchons-nous, car nous n'avons pas de temps à perdre, si nous ne voulons pas rater notre coup. Je viens de voir là-bas, chez l'ami Duvernet, marchand de chaussures, un Gravesonais, Jean Fifre, un peu simple (nous nous connaissons: sa femme a nourri notre cadet). Il est en train d'essayer une paire de gros souliers; il marchande à n'en plus finir; il veut que, par dessus le marché, l'on y change les courroies et que l'on plante encore quelques clous par ici, par là. Eh bien! mes amis, il s'agit de lui faire accroire, quand il emportera ses savates, qu'il emporte... une superbe paire de perdreaux!

—Oh!... Maître Alary, celle-ci est trop grosse et ne passera pas! Comment diable voulez-vous...?

—Je veux que vous, Monsieur Faure, vous partiez le premier comme pour sortir de la ville du côté de la porte Saint-Michel. Toi Alexis, tu vas suivre Monsieur Faure, à vingt pas de distance environ. Vous, Monsieur Lafont, vous irez à la suite d'Alexis, même intervalle, et toi, Agricol, sur les pas de Monsieur Lafont. Tous quatre, vous cheminerez lentement, en gardant respectivement vos distances, le long de la rue par où notre Jeannot doit nécessairement passer pour se rendre à Graveson.

—Mais, bel homme! dirent-ils à Maître Alary, vous nous prenez pour des têtes d'aulx, que vous nous alignez comme à la file...

—Minute! attendez. Lorsque vous rencontrerez notre Gravesonais, ses souliers à la main ou pendus à l'épaule, l'un devant l'autre derrière, vous le reconnaîtrez sans peine: il est habillé de cadis d'Aix, couleur de la bête; un gros nez camard, sous un long bonnet d'*estame*[6] qui lui tombe presque jusqu'au bas des reins; une ceinture cramoisie largement déployée sur le ventre.

—Et puis?

—Et puis, chacun à votre tour, après l'un l'autre quand vous le rencontrerez, vous guignerez ses souliers, vous ferez semblant de croire qu'il porte une paire de perdreaux et lui demanderez s'il veut les vendre. Pas plus que ça.

En entendit-on, dans le café Saint-Didier, des éclats de rire et des bravos quand on vit clair dans le plan de Maître Alary et qu'on devina tout ce qu'il y aurait de burlesque dans les actes de l'extravagante comédie qui allait se jouer!

—Allons, et prestement, mes amis! ajouta Maître Alary, chacun à son poste. Calez bien vos filets il y aurait grande malechance si, à nous tous, nous ne prenions pas le poisson. Moi, je vous attends ici: le Jeannot me connaît trop...

—Soit! et en avant! nous le pêcherons.

Et MM. Faure, Alexis, MM. Lafont et Agricol, exécutèrent incontinent et de point en point les recommandations de Maître Alary. Ils s'éparpillèrent vite, prêts à jouer leur rôle.

Or, lorsque Duvernet eut changé les cordons et planté ces quelques clous, Jean Fifre paya et ses souliers à la main attachés l'un à l'autre avec un bout de ligneul[7]:

—Si vous m'avez bien servi, dit-il, je reviendrai.

Et il partit pour Graveson.

C'est Agricol qui, le premier, attaqua notre Gravesonais, et, comme on dit, prit le taureau par les cornes.

—Ohé! l'homme à la ceinture, lui cria-t-il, montrant les souliers d'une main et deux doigts de l'autre fourrés dans le gousset, vous avez là une jolie paire de perdreaux. Si vous vouliez me les vendre... Votre prix?

---

[6] *Estame, estam*: étaim, partie la plus fine de la laine.
[7] Ligneul: *lignoel* (du gallo-romain *lineolum)*: fil enduit de poix qui sert au cordonnier.

—Vous dites, Monsieur?...

—Je vous demande si vous ne me vendriez pas vos perdreaux.

—Quels perdreaux?

—Vos perdreaux, parbleu!

—Laissez-moi donc tranquille. Vous me prenez pour un autre. Je n'ai pas le temps de vous amuser, la bourgeoise m'attend.

—Allons! réplique Agricol, je vois que vous ne voulez pas les vendre. Si vous ne voulez pas les vendre, gardez-les. C'est autant d'économisé.

En voilà un, *pecaire!* pensa notre Fifre, dont la tête sonne le fêlé.

Et il passe son chemin.

Il n'avait pas fait vingt pas que M. Lafont l'arrêta:

—Ah! quant à ceux-ci, point n'est besoin, pour voir s'ils sont bien maillés, de leur regarder le bout de l'aile! Prenez soin du chien ou de la chienne qui vous les a levés. Si vous étiez raisonnable, je vous les achèterais tout de même.

Jean Fifre ouvre de grands yeux et reste là, bouche béante, épaté, raide comme un pieu.

—Combien en voulez-vous? Je vous les paierais volontiers quarante sous la pièce.

—Ah! oui, vraiment! fait le Gravesonais. On va vous vendre pour quatre francs ce qui m'en coûte dix!

—Pour de beaux perdreaux, ce sont de beaux perdreaux! Mais, pourtant...

—Ah! ça, mais... s'écrie Jeannot qui enrage, savez-vous, Monsieur, que tout ça finit par être hébétant? Allez au diable, vous et vos perdreaux! Si vous aimez les perdreaux, Monsieur, allez à la chasse et ne vous moquez pas ainsi du pauvre monde!

—Calmez votre sang, brave homme! lui dit alors M. Lafont avec son flegme *bagasse*[8], rien de plus dangereux qu'un coup de sang. Encore que j'aime ce gibier, je m'en passerai. Faute de perdreaux, l'on se contente de merles.

—Vous me cassez la tête, vous!... et...

—Pardon si je vous interromps, je ne songeais pas que c'est demain vendredi... Ils n'iront pas jusqu'à dimanche vos perdreaux.

—Ah! nous y voici encore?... Mais, sacré pétard de tous les diables! hurla Jean Fifre, (et il criait si fort que tout le monde se mit sur sa porte), vous êtes donc aveugle ou en train de le devenir? Vous ne voyez donc pas que ce sont

---

[8] *Bagasse*: femme publique, catin. Gallo-romain: *bagassia*; ital: *bagascia*. Ici: racoleur; son air racoleur.

des souliers ; des souliers de gros cuir ? tout flambants-neufs, blonds comme un fil d'or ? Tenez, imbécile, voyez-les, palpez-les. Un, deux !… Voici les courroies, voilà les clous ! Vous me faites perdre la boule avec vos perdreaux, finalement !

—Oh ! puisque vous le prenez sur ce ton, et avez l'humeur plaisante, et prétendez me faire prendre ce gibier-là pour des savates de cuir, sachez que je ne suis plus en âge de jouer avec vous comme un jeune chien ! Je croyais que vous vouliez les vendre. Vous pouvez les garder. Le diable m'emporte si je les regrette ! Ils fleurent la peste, vos perdreaux ! Notre chat leur ferait la moue… Vous m'en feriez cadeau que je n'en voudrais pas !

Là-dessus, menaçant de la tête, marmonnant, maronnant et sacrant, Maître Fifre file son chemin ; il double le pas, puis il s'arrête soudain et, la tête basse et l'index sur le front, il fait travailler son esprit… Et puis, il élève ses souliers à la hauteur de son nez, les tourne et les retourne, et les abaisse et les relève… Que vous dirai-je ? il regarde sans doute si, par grand hasard, il ne leur pousserait point des plumes.

Et tout pensif, il passait la main sur son front pour en essuyer la sueur.

Il essuyait donc sa sueur avec son bonnet, car sa main était trempée, lorsqu'Alexis :

—Holà ! l'homme, excusez !… Y a-t-il longtemps que vous les avez tués ?

—Apprenez, Monsieur ! que je n'ai tué personne.

—Oh ! le fin souper ! le festin exquis, et quel régal ce me serait, en tête-en-tête, eux et moi ! avec des choux tout autour, ou du riz à peine éclaté dans le jus ! Il me semble que je les savoure !

Jean Fifre n'y voit plus. Il lui passe un brouillard sur les yeux, la tête lui tourne, il ne peut se tenir debout sur ses jambes ; son menton tremble, ses dents claquent, il a une fièvre de cheval.

—Je ne dis point ça pour vous faire de la peine, ajoute Alexis. Eh ! vous me regardez de travers, là, comme si j'avais mangé votre soupe ! Je ne veux pas vous les voler, vos perdreaux !… Voyons, voulez-vous les garder ou me les vendrez-vous ?

—Que le *tron de l'air*[9] vous écrase, vous !

—Oh ! gardez-les ! et si vous avez peur que le chat vous les mange, frottez-les avec une gousse d'ail !

Déconcerté, détraqué, ne sachant plus s'il dort ou s'il rêve tout éveillé… le pauvre Fifre voit ses souliers s'emplumer peu à peu ; puis il croit apercevoir des plumes de perdreau tourbillonner dans l'air et folâtrer avec la brise… Et il se

---

[9] Tonnerre de l'air !

remémore alors tout ce que lui contait sa mère-grand au sujet des farces diaboliques que sorciers et sorcières jouaient dans le bon vieux temps aux chrétiens.

Enfin, il touchait à la porte Saint-Michel quand il rencontra M. Faure.

—Hop! l'homme! interpella M. Faure d'un ton sévère et brutal, et faisant la moue, l'homme! je voudrais bien savoir où vous avez tué ces perdreaux.

—Je n'ai rien tué, je le répète, répondit Jean Fifre, pâle, blanc comme un lange. Mon brave monsieur, je les ai achetés chez M. Duvernet, qui demeure là-bas…

—M. Duvernet ne vend pas des perdreaux, il vend des chaussures… Si ces perdreaux ont été pris à la course, ou engrenaillés en terre libre, je n'ai rien à dire et vous pouvez aller vous coucher tranquillement chez vous. Mais si vous les avez tués ou pris, ainsi qu'il est apparent, sur un terrain où la chasse est sévèrement interdite, vous êtes en contravention. C'est à moi que vous aurez affaire. Je ne vous dis que ça!

—Mon brave monsieur, reprend le Gravesonais, qu'un procès-verbal terrifie, je suis innocent comme un enfant qui tète! et vous me dites là des choses auxquelles je ne vois goutte, car elles sont noires comme poix.

—Eh bien! attendez, je vais quérir quelqu'un qui vous les éclaircira.

Et M. Faure se mit à courir.

Effrayé, ahuri, Jean Fifre vit tout à coup poindre les cornes d'un chapeau de gendarme et s'affaissa demi-mort. Il se releva bientôt, tourna tête sur queue et doubla le pas pour arriver plus vite.

Tout bouleversé et suant à grosses gouttes, il arriva bientôt chez M. Duvernet.

—Monsieur, lui cria-t-il, ça n'est pas un tour à faire. Le marché est rompu. Vous me prenez donc pour un c… ornichon? Eh! si je voulais des perdreaux, croyez-vous que je viendrais chez un marchand de savates? et pour les payer dix francs la paire, juif que vous êtes!

M. Duvernet, que Maître Alary avait mis au courant de tout, étouffait pour retenir son rire.

—Vous êtes un *trompe-qui-peut*, comme tous les habitants des villes… Tenez, reprenez vos perdreaux et rendez-moi mes dix francs.

Et Jean Fifre lança les souliers dans la boutique…

## L'ERMITE DE SAINT-JACQUES

À Cavaillon-les-Bons-Melons, il y a un antique et vénérable ermitage qu'on appelle Saint-Jacques, un petit ermitage juché sur la crête de la montagne comme un roitelet sur une grosse motte de terre. Et, grâce à Dieu, l'ermitage a toujours eu son ermite.

Il est bien vrai que l'ermite et Saint-Jacques sont toujours une paire d'amis! Ils sont deux, et ils vivent d'accord comme les cinq doigts de la main. Quand Saint-Jacques a soif — ce qui arrive, s'il ne pleut pas en été — l'ermite veut boire et quand il a bu, il sonne pour faire pleuvoir et Saint-Jacques boit, car la cloche de Saint-Jacques fait la pluie et le beau temps.

Quand l'ermite dit ses Heures, sa cloche prie avec lui en chantant:
— Din! din! din! din! n'oubliez pas l'ermite!

Il quête aussi, l'ermite, pas trop, car trop nuit, mais assez, assez suffit. Sa besace s'arrondit, et il y a de tout dans sa besace: oh! les bonnes olives à la poivrade dans le petit pot! des noix, des amandes et des figues sèches pour faire du nougat d'ermite; des haricots de toutes sortes... et des œufs frais dans son panier, et du fromage sec pour faire du *cachat*, ce fromage pétri, fermenté, odorant, qui brûle la gueule... Eh! que sais-je encore? d'énormes tranches de jambon et, pour faire de bonnes omelettes au lard, du petit salé... Ah! certes, il quête, l'ermite, et plus qu'à son Saint la quête lui bénéficie; car, finalement, le Saint est de bois: il ne boit ni ne mange tandis que l'ermite est de chair et d'os: il faut bien qu'il mange et qu'il boive. Et si le Saint n'aime pas l'ermite autant que l'ermite l'aime, c'est que, parfois, l'ermite a les côtes en long[10], et qu'il est, sans doute, un tantinet gourmand.

Cela dit une fois pour toutes, sachez qu'avant la première Révolution, il y avait à Saint-Jacques une bonne tête d'ermite. On le nommait Frère Boniface. Et je vous jure qu'il était bien nommé: légère barbe grise, triple menton, face ronde, nez cramoisi, rire à la bouche, feu dans l'œil. Oh! la bonne face!

Quand il fit ce que je vais vous conter, il avait quatre, au moins, croix sur le

______________

[10] Être paresseux.

dos ou cinq au plus[11], et ça ne l'alourdissait guère. Il était dans sa fleur et gras à lard, et sur son échine et son ventre, sa robe collait sans faire un pli. Quand il riait, adieu les boutonnières! Une panse superbe. Toujours guilleret, il descendait de là-haut tous les samedis matin, sa besace sur le bras; et le soir, il regrimpait là-haut, plus guilleret encore, et sa besace enflée sur le cou. Le grappillage était copieux, car Frère Boniface savait les bonnes granges et les bonnes maisons... et connaissait les bonnes âmes. Et quand il levait un loquet ou tirait une sonnette, il était sûr que sa peine serait payée et qu'il accrocherait toujours quelque friandise à son *rampau*[12]. Mais quand la besace était comble? me direz-vous. Ah! les grandes poches qu'avait la robe de Frère Boniface!

Il y avait alors, à Cavaillon, des maisons fort cossues où, certes, il ne faisait pas froid. Une de celles que notre brave quêteur affectionnait particulièrement était la maison de M. Blaze, notaire royal et loyal. À tout pauvre venant sa porte s'ouvrait. Le maître était bon comme le pain et la servante, bien qu'elle ne sût ni lire ni écrire, était de la pâte de son maître, et si compatissante qu'elle se fût ôté le morceau de la bouche, si on le lui eût demandé au nom du bon Dieu. Étant dans la maison depuis plus de trente ans, elle était un peu la maîtresse, c'est connu. Quand elle avait trop donné de la bourse du maître, elle donnait de la sienne. Ceci compensait cela...

Une année, c'était pour la Noël, à la tombée du jour, le mistral soufflait; il gelait en l'air et la misère était grande parmi les pauvres de l'endroit. Tout le jour, Jeanne-Marie n'avait fait qu'ouvrir et fermer la porte. Elle sommeillait depuis quelques instants à peine, quand tout-à-coup: drelin! drelin!

—Encore? il faut toujours se lever!

Et la servante court à la porte:

—Vous voilà encore, Frère Boniface? Je croyais que c'était un pauvre. Allez-vous-en. Je n'ai rien à vous donner. Vous êtes déjà venu samedi.

—Au nom de Dieu, Jeanne-Marie! souffrez que j'entre. Il fait un temps à ne pas oser mettre un chien dehors! Entendez-vous hurler le vent?

—Entrez... mais non! sortez vite, car vous fatiguez notre maître. Heureusement pour vous, il travaille! Il ne peut plus ni vous voir ni vous sentir.

---

[11] Quarante ou cinquante ans.
[12] *Rampau*: rameau bénit; guirlande de fruits confits. *Garni coume un rampau*: bien garni.

—Que la volonté du ciel soit faite, ma brave Jeanne-Marie! Je pars. Que Dieu vous le rende! Je prierai pour vous… Mais avant que je m'en aille, écoutez-moi : mes deux pieds ne sont qu'un glaçon et je les sens à peine. Laissez-moi les réchauffer un brin à ce bon feu. Notre-Seigneur et sa sainte Mère vous béniront.

✸

Jeanne-Marie n'osa pas dire non, et Frère Boniface entra avec elle dans la cuisine, s'assit, étendit ses jambes sur la pierre de l'âtre, et tandis que sa chaussure fumait :

—Ah! cet air de feu me restaure, dit-il.

Et puis :

—C'est demain Noël, un beau jour, Jeanne-Marie, une grande fête! Tout cœur chrétien est en liesse. Gloria! Dieu est né!

—Dieu est né! *Gloria!* lui répond Jeanne-Marie, en se signant.

—Tout à l'heure on va mettre au feu la grosse bûche de Noël. En ce jour, les plus pauvres sont riches… Voyons! quand, demain, il y aura partout table mise et servie à profusion, moi j'aurai, pour mon souper, du vieux pain sec et ma salive! Et vous le souffririez? L'enfant Jésus en pleurerait, voyez-vous, ma bonne Jeanne-Marie, et Dieu vous punirait!

Les yeux de la servante larmoyaient. Il s'en fallut de bien peu qu'elle ne dît :

—Ce pauvre Frère Boniface, *pecaire!*

—Montez, reprit l'ermite, allez trouver Monsieur Blaze, dites-lui ma triste position! dites-lui bien qu'il est l'ami de Dieu et la fleur des bonnes gens; que pour lui et pour vous je prierai Saint Jacques et qu'aux pieds de ce grand Saint, j'allumerai un cierge pour vous et pour lui.

✸

Ah! pour le coup, Jeanne-Marie n'y tient plus. Il lui semble qu'à vue d'œil tombe la bedaine de l'ermite, que ses grosses joues fondent et que sa bonne face blêmit! Il lui semble ouïr l'enfant Jésus pleurer et le bon Dieu la maudire. Daredare elle monte au cabinet où Monsieur le notaire, pensif, couchait sur le papier, —cra-cra, —un acte d'importance, un partage compliqué. Puis d'une voix câline, elle conte au Maître l'aventure.

—Seigneur Dieu! encore votre Boniface!… Laissez-moi tranquille! mon écheveau est bien assez embrouillé.

—Mon bon maître, que répondrai-je?

—Répondez… Mais non, vous ferez ma mission… Attendez.

Et M. Blaze, prenant un bout de papier, écrivit :

23

*Frère Boniface, vous nous ennuyez. Décampez vite ou je descends.*
*Signé :* Blaze.

—Tenez, sainte fille! ajoute le notaire en pliant le poulet, voici ma réponse, donnez-la-lui. Je crois qu'il en sera content! S'il ne l'était pas, il ne serait pas raisonnable....

N'oublions pas de dire ceci : tandis que Jeanne-Marie l'avait laissé seul dans la cuisine, Frère Boniface, qui avait les pieds chauds… et le nez fin, ouvrit vite l'armoire. O jour de Dieu! que voit-il? Il voit une, deux, trois dindes qui pendent, cul en haut, tête en bas. Celle du milieu était un dindon, un dindon énorme, tout plumé, tout bardé de lard, tout bourré de truffes!… Bénédiction! grand Saint Jacques!… O parfum divin! morceau de roi! trésor de Noël! délices du Paradis!

Il se pourléchait, le Frère Boniface! Mais entendant le bruit des sabots de Jeanne-Marie sur les marches, il jeta sur le dindon un dernier regard étincelant de convoitise, ferma l'armoire, s'allongea sur sa chaise et se chauffa les pieds, les mains jointes sur son ventre.

—Eh bien! Jeanne-Marie, parlez. Votre parole sera ma mort ou ma vie. Que vous a dit le maître?

—Tenez, Frère, voici sa réponse, lisez.

—Il ne vous a rien dit?

—Il m'a dit que si vous n'étiez pas content, vous ne seriez pas raisonnable.

—Le brave homme!

Frère Boniface sort ses bésicles, les campe à cheval sur son gros nez rubicond et lit le billet de Maître Blaze. Et après avoir lu, —oh! le scélérat! —il lève là-haut ses grands yeux blancs et soupire avec un signe de croix :

—Dieu est bon! *Deo gratias!* Je vous l'ai toujours dit, Jeanne-Marie : votre maître est humain, est charitable, est généreux. Ah! c'est trop! Vous lui avez, paraît-il, rempli le cœur de pitié, car il ne veut pas que, pour Noël, un chrétien fasse fête avec des restes…

—Vous dites, Frère?

—Je dis, Sœur, que Maître Blaze est un saint sur la terre et qu'il me donne…

—Il vous donne… ?

—Un dindon que vous avez truffé…

—Le dindon?

—Tenez, Jeanne-Marie, lisez. Les papiers parlent et jamais papier ne parla si bien.

Et Frère Boniface lu:

*Donnez le dindon à Frère Boniface. Je le salue cordialement.*
*Signé:* Blaze.

Et il tend le billet à Jeanne-Marie, muette d'ahurissement.

Que voulez-vous? quand maître commande, servante obéit: Jeanne-Marie ouvre l'armoire, décroche le dindon et le donne à l'ermite qui tressaille d'aise, cache son rire dans sa barbe grise… et le grand oiseau dans sa besace.

—Bonsoir, et Dieu vous le rende! dit Frère Boniface, en s'inclinant avec respect.

Et il partit en courant.

—En somme, il a raison, le maître, fit Jeanne-Marie: toutes ces viandes-là se seraient gâtées.

Quand il eut noirci tout son papier, Monsieur Blaze descendit et se mit à table pour faire sa collation. Jeanne-Marie lui servit une barre de ce bon nougat d'Apt avec une fougassette[13] à l'huile et, tout en le servant, elle dit au maître:

—Maître, vous avez demain votre fille, votre gendre et vos petits enfants?

—Oui.

—Quelle dinde faut-il préparer pour faire virer la broche, le soir? la grosse ou le dindonneau?

—Pour faire virer la broche, nigaude, embrochez la grosse dinde… qui est toute prête et que vous avez truffée…

—Mais, Monsieur, la grosse dinde…

—Eh bien! la grosse dinde, il la faut toute pour huit personnes, et peut-être serons-nous neuf…

—Vous rêvez, maître!… La grosse, vous venez de la donner à Frère Boniface.

—Jeanne-Marie, vous rêvez! À Frère Boniface? dites-vous…

---

[13] Fougacette: petite fouace. Prov. *fougasso*: fouace, galette, gâteau plat et taillé à jour.

—Sans doute. Où avez-vous donc votre pauvre tête ? Tenez, voilà votre billet. Vous avez fait parler le papier : que lui avez-vous fait dire ?

Et elle lui tend le billet.

—Malédiction ! vociféra Monsieur. Blaze, tapant des pieds et les mains sur la tête ! Ah ! le capon ! le coquin !… Qu'il y revienne !

Puis tout-à-coup il éclata de rire, —car il était bonhomme, Monsieur Blaze, et farceur, —et il dit à la servante :

—Jeanne-Marie ?

—Qu'y a-t-il, Monsieur ?

—Il y a… ceci : pas plus tard que demain matin, fît-il un temps affreux, vous ferez, coûte que coûte, porter de ma part à l'ermite de Saint-Jacques deux bouteilles du bon coin, du vieux et du meilleur. Et vous ne les secouerez pas.

La pauvre Jeanne-Marie, stupéfaite, ne comprit pas et se dit :

—Mon pauvre maître ! pour sûr, il a quelque chose de fêlé !

Et, pendant ce temps, la cloche de Saint-Jacques sonnait, sonnait à battant que veux-tu ! C'est par miracle qu'elle ne se fêla pas. Jamais on n'avait ouï si gaies et si railleuses volées !

Le lendemain, —beau jour de Noël, —Monsieur Blaze raconta partout dans Cavaillon, bien mieux que je ne viens de l'écrire, l'enlèvement de sa dinde. L'histoire eut bientôt fait le tour de la ville. Avec tout Cavaillon, Monsieur le notaire en rit… et l'ermite n'en pleura pas !

Lorsqu'à la fin la servante eut compris, les bras lui en tombèrent :

—Il me la paiera ! dit-elle.

Mais Frère Boniface lui fit banqueroute : il ne put pas payer, car il se gorgea si bien de volaille qu'il eut une indigestion… dont il creva.

C'est égal ! jamais les gens de Cavaillon n'ont plus vu depuis et ne verront jamais plus fumer comme cette année pour Noël, fuma ta cheminée, ô vieil ermitage de Saint-Jacques !

## SAINT ANTOINE S'INVITE À DÎNER

Dans l'église de Bonnieux-du-Comtat, il existait, à l'époque où s'est passé ce dont je vais vous parler (il y a de cela longtemps), un tableau représentant saint Antoine et son fidèle compagnon. Le pinceau qui les avait peints était si habile et si expert, il leur avait donné des couleurs si vives, que lorsqu'on regardait le saint et la bête, ils semblaient, le saint aller ouvrir la bouche pour vous parler et élever la main pour vous bénir et le cochonnet aller pousser un grognement et remuer sa petite queue nouée en trompette.

À Bonnieux et à sept lieues à la ronde, ce saint Antoine et son compagnon, chef-d'œuvre de Parrocel et présent d'un vice-légat d'Avignon, a toujours eu et aura longtemps un grand renom. On y raconte encore ce qui advint, au sujet de cette toile — il y a de cela près de cent ans — à une demoiselle de bonne famille, nommée Antoinette d'Inguimberti.

*Misé*[14] d'Inguimberti était une grosse dévote ; elle avançait en âge, tant que, de l'avis de bien des gens, elle radotait, de fois à autre. Pour tout dire, elle était, de nature, un peu simple et crédule. Pauvre innocente !… Elle n'était pas encore tout à fait dans l'enfance, mais elle y revenait petit à petit. Ce n'est pas qu'elle ne fût, à l'occasion, capable d'un gentil raisonnement, mais ce saint Antoine l'avait tant et si souvent émotionnée, sa foi en son céleste patron était si ardente ; elle en avait si fréquemment contemplé la face éblouissante, la barbe noire et blanche ; elle était restée, dans sa vie, tant de fois bouche béante à ses pieds, égrenant son chapelet, qu'elle s'était prise de passion pour lui à en devenir amoureuse. Il fallait bien qu'il en fût ainsi, car lorsqu'elle était ou qu'elle se croyait seule dans l'église et la chapelle de son Seigneur Saint Antoine, elle lui parlait comme si le bienheureux eût été de chair et d'os et plein de vie.

Elle lui disait :

— Beau Seigneur Saint Antoine, ne me regardez pas ainsi, car les rayons de votre face me font baisser les yeux, comme les rayons du soleil.

Un samedi, veille de Notre-Dame-de-Septembre, que Misé d'Inguimberti avait plus que jamais l'âme bouleversée et l'esprit dans les nuages, elle vint lui dire :

---

[14] Mademoiselle.

—Antoine, ô beau Seigneur, mon patron! n'êtes-vous point fatigué de rester là, toujours seul dans votre désert, seul avec ce sale animal? N'êtes-vous pas dégoûté de ne ronger que des racines et de ne boire que de l'eau claire?… Ah! si vous veniez me rendre visite, un soir! Nous souperions ensemble et vous vous referiez un peu. Il y a bon pain blanc chez nous et, dans un coin, du vieux vin d'une vigne que nous possédons à la Claparède. Quand donc, bel ami, quand donc voudrez-vous venir?

—Demain soir, si cela vous agrée, lui répondit aussitôt une voix claire et caressante, demain soir, dès que huit heures sonneront.

—O Monseigneur Saint Antoine, s'écria la demoiselle affolée, enfin! vous me répondez! Ah! soyez à jamais béni, divin ami de mon âme!

—Dès que huit heures sonneront, hein!

—Je vous attendrai.

—J'irai.

—Vous frapperez à la porte: je veux avoir moi-même l'honneur de vous ouvrir.

Cela dit et convenu, Mademoiselle d'Inguimberti s'agenouilla et fit son acte d'action de grâces, le cœur ravi d'espoir et plein de reconnaissance. Puis elle se leva et, s'inclinant courtoisement, elle salua son Seigneur et patron.

De l'église à sa maison, il lui sembla que les anges la portaient! S'ils ne la portèrent pas, je penche à croire qu'ils l'empêchèrent de dégringoler, tant elle était émue, les quatre-vingts marches et plus, que compte l'escalier par lequel on monte jusque là-haut, là-haut, à l'église de Bonnieux, et par lequel on en descend jusqu'en bas.

C'était, —il faut vous le dire, car peut-être ne le devineriez-vous pas, —ce vaurien de Luquet, le sacristain, qui donnait ainsi rendez-vous à la pauvre innocente. Un sacristain fait au moule et réussi! Le souvenir s'en est conservé à Bonnieux, et il s'y est longtemps répété que Luquet ne dédaigna jamais le bon vin blanc de la sacristie et jamais ne bouda aux bons morceaux; et nonobstant cela, le cou penché comme une figue trop mûre, le front incliné sous une calotte de soie noire qui lui tombait sur les yeux, le regard perçant, luisant et oblique; le téter doux, la voix câline et si dolente, que lorsqu'il disait:

—Pour les âmes du purgatoire! il vous tirait les sous du fin fond de la poche.

C'est justement ce samedi-là que Luquet mit à exécution le projet qu'il avait conçu.

À midi, heure à laquelle l'église est déserte, après qu'il eut sorti de leur fourreau les grands chandeliers et la croix du maître-autel, versé de l'huile dans la lampe qui brûle devant nuit et jour, devinant que la vieille hallucinée allait venir, ainsi qu'il l'avait maintes fois surprise, converser avec son Seigneur et patron, lui faire les yeux blancs à genoux, gémir, sourire et pleurer, le bon apôtre s'accroupit et se dissimula dans l'angle le plus obscur de la chapelle de Saint Antoine.

Il avait bien calculé. Misé vint, soupira et son patron entendit ses soupirs.

La damoiselle partie, le sacristain s'esquiva, riant à se déchirer la peau du ventre.

Lorsque Antoinette, les joues pourpres et les yeux noyés de larmes de joie, arriva à son logis :

— Martine, cria-t-elle en entrant, Martine ! Martine !

— Votre servante, Mademoiselle.

— Voici ! fait Mademoiselle, en mangeant la moitié des mots, tant sa langue a la fièvre et tant les paroles affluent sur ses lèvres… voici : un ami, un grand ami de la famille… ami respectable, viendra demain, demain soir, au coup de huit heures. Il viendra demain me tenir compagnie… me tenir compagnie et souper avec moi…. à huit heures précises… Il frappera, j'irai lui ouvrir.

— Mademoiselle, est-il bien nécessaire que vous…

— J'irai lui ouvrir… car vous aurez assez à faire… Et que la table soit mise de bonne heure, et comme il convient, entendez-vous ? et que rien n'y manque.

— Cela suffit, Mademoiselle.

— Que sera-ce encore que tout ceci ? se disait la servante. Elle est de plus en plus fantasque, et « son chien fait la farandole ». Que le Seigneur-Dieu ait enfin pitié de nous et y mette sa sainte main !…

Le lendemain soir, pourtant, la cuisine de Martine embaumait, et sa bonne odeur était bien faite pour aiguiser l'appétit. Pot au feu conduit avec lenteur, à petits bouillons ; carbonnade haute en goût ; petits poissons et coquilles d'écrevisses de Saint-Symphorien, plus délicates et plus savoureuses que celles de L'Isle ; pois gourmands de la Canourgue ; lapereau de la Val-Masque rôti ; et pour dessert, pêches et clairettes, langues de chat, macarons, biscuits et sucreries. Et ce qui, dans un festin, jamais ne doit être oublié, pour « coup du milieu » : liqueurs de couvent ; tout le long du repas, vin vieux des d'Inguimberti, et pour couronner la fête, café exquis et flacon de ce *coudounat*[15] comme on sait si bien le faire à Bonnieux.

Elle était de bonne maison, Misé d'Inguimberti et, par tradition, elle faisait bien les choses.

---

[15] *Coudounat* : cotignac. Confiture, gelée ou eau de coing.

Huit heures n'avaient pas sonné que Mademoiselle d'Inguimberti était prête. Elle avait mis sur elle tout ce qu'elle avait de plus riche et de plus beau dans sa garde-robe et ses coffres : robe de soie à ramages toute garnie de dentelles, collier de perles fines au cou, bracelets d'or aux poignets ; étoiles de diamants aux oreilles et aux doigts. Et avec ça, (pourquoi ne pas le dire ?) les pommettes légèrement teintes de fard, elle piquait sa dernière épingle et donnait une dernière œillade à son miroir, lorsqu'on frappa violemment à la porte.

Il ne manqua pas l'heure, le gourmand !...

Et Mademoiselle, la main sur le cœur, car l'émotion le lui mettait sens dessus dessous, descendit pour ouvrir...

— Entrez, Monseigneur Saint Antoine ! Soyez le bienvenu dans l'hôtel des Inguimberti. Quel honneur pour la famille et quel grand jour pour moi !... Entrez.

Et Saint Antoine et Mademoiselle, se donnant le bras, entrèrent dans la grand'salle, et furent bientôt attablés en face l'un de l'autre, car... Saint Antoine avait faim.

Peu s'en fallut que Martine ne laissât la soupière lui tomber des mains quand elle entra pour servir, et qu'elle vit, les coudes sur la table, ce grand escogriffe, cet étrange ami de la famille, sous une ample robe carmélite, capuchon en tête, longue barbe grise au menton, grosse corde sur la bedaine, un frère mendiant ?... un faux Récollet ? un capucin de hasard ?... que sais-je, moi ! un rouleur, un voleur de poulailler, un affreux pied-plat, crasseux et puant, un meurt-de-faim, se pourléchant les babines à la seule vue de la vapeur qui montait de la soupe...

Martine finit pourtant par se remettre et se résoudre à attacher le bouc là où sa maîtresse le voulait. Elle s'acquitta de son service en conscience. Et Mademoiselle d'Inguimberti faisait galamment, avec une aisance aristocratique, une grâce suprême, les honneurs de la maison et de la table, et elle disait :

— Beau Seigneur, ne prendriez-vous pas encore un peu de ceci ? Encore ce petit bout de râble ! cette petite aile de perdreau !

La servante n'y voyait plus. Elle croyait être le jouet d'un rêve infernal.

Ah ! mais, voilà qu'après le « coup du milieu, » déjà gonflé de bonne chère, rond comme un O, la barbe engluée de jus et de sauce, le nez rouge comme la crête d'un coq de ferme, la flamme de l'alcool lui sortant des yeux, l'abominable et faux ermite oublie de déguiser sa voix, caquette, bredouille, parle et ânonne, si bien que Martine reconnaît Luquet !

Elle sort dare-dare, feignant d'aller chez le confiseur chercher encore une assiettée de friandises pour le dessert et, courant à la cure, elle sonne à fêler la sonnette :

—Sainte Croix! miséricorde! Monsieur le Curé! —crie-t-elle haletante, —au secours!

—Eh! que vous arrive-t-il, Martine?

—Une abomination!

Et elle conte ce qui se passe, telle chose comme ceci, comme cela… Luquet par ci… encapuchonné, barbe au menton… Saint Antoine par là… Mademoiselle, le cerveau tout à fait détraqué…

—Une abomination, vous dis-je, qui doit faire pleurer, à cette heure, les anges et les saints du paradis! Et qui sait tout ce qui peut arriver, si vous n'y venez pas mettre bon ordre?

Monsieur le Curé avait grand peine à ne pas éclater de rire.

—Martine, dit-il, allez-vous-en vite. Soyez tranquille, je vous suis de près. Cela ne sera rien.

—Il boit, je vous l'affirme, comme un trou, mange comme un porc, il parle à tort et à travers; il est saoul comme une grive. C'est une confusion!

—Je suis sur vos tibias, vous dis-je, pour tout réparer. Ce ne sera pas long…

Et vite, vite! Monsieur le Curé jette sur ses épaules une vieille chape hors de service, se confectionne avec du coton en rame une barbe blanche, se la colle au menton et sur les joues, prend les grosses clés de l'église et de la cure et le voilà parti. En un saut, il est au logis des Inguimberti. Il entre tout à coup, Martine ayant eu la précaution de laisser la porte entrouverte, et…

—Toc! toc! à la porte de la grand'salle.

—Qui frappe? dit la damoiselle.

—Moi! répond Monsieur le Curé, faisant sonner ses grosses clés.

—Qui êtes-vous?

—Saint Pierre.

Et Mademoiselle ouvre.

—Entrez, grand Seigneur Saint Pierre! Soyez le bienvenu dans l'hôtel des d'Inguimberti! Salut à vous et gloire à Dieu! Mais si cela continue, cette maison sera le paradis même. Entrez.

Dès que Saint Pierre aperçoit son Luquet attablé, le museau rouge comme braise

—Ah! bon! fit-il, c'est toi que je cherchais. Enfin! je te mets la main au collet! Ah! c'est ainsi que tu fais l'école buissonnière, galopin!

Quoiqu'elle eût du fard sur les joues, Mademoiselle d'Inguimberti devint pâle comme la mort et Luquet se leva, branlant comme une sonnaille, et de peur s'affaissa.

Saint Pierre, continuant:

—Veux-tu te relever ou je te relève, moi? Est-ce possible!... Comment se fait-il, misérable, que tu te sois ainsi esquivé du paradis sans ma permission, profitant, pour sortir, d'un moment où, las d'ouvrir et de fermer ma porte, je me suis endormi, la laissant entrebâillée? Eh bien! c'est à moi que tu vas avoir affaire.

Et à grands coups de pied là derrière, à grands coups de clefs dans le dos, Saint Pierre met dehors Saint Antoine qui, dégrisé, hurle:

—Aïe! aïe! aïe! Pardon, Monsieur le Curé!

—Que je t'y reprenne! lui disait Saint Pierre.

—Je ne le ferai plus!

Et ils disparurent l'un et l'autre sans dire bonsoir.

Misé d'Inguimberti, dans cette scandaleuse échauffourée, sentit, pauvrette! son cœur défaillir et s'évanouit dans sa chaise à bras. Et Martine, cachant autant qu'elle le pouvait sa jubilation et son envie de rire, délaça la pauvre toquée et la fit revenir à elle, en lui frottant de vinaigre les tempes et les narines, les poignets et le creux de l'estomac.

## LE MÉDECIN DE CUCUGNAN

C'était un médecin qui en savait long car il avait beaucoup appris; et cependant, à Cucugnan, où il s'était établi depuis deux ans, on n'avait pas confiance en lui. Que voulez-vous? en le rencontrant, toujours un livre à la main, les Cucugnanais se disaient:

—Il ne sait rien de rien, notre médecin; il lit, il lit sans cesse. S'il étudie, c'est pour apprendre; s'il a besoin d'apprendre, c'est qu'il ne sait pas; s'il ne sait pas, c'est un ignorant.

Ils ne pouvaient pas sortir de là, et… ils n'avaient pas confiance en lui.

Un médecin sans malades est une lampe sans huile. Il faut pourtant gagner sa misérable vie et notre pauvre diable ne gagnait pas l'eau qu'il buvait.

Il était temps, certes, que cela finit!

Un jour, pour en finir, il fit dire dans tout Cucugnan que son savoir était si grand, si puissant, si souverain, qu'il se faisait fort, non seulement de guérir un malade, ce qui est un jeu d'enfant, mais de ressusciter un mort, ce qui peut s'appeler un vrai miracle de Dieu! Oui, oui, un mort, disait-il, et un mort enterré!… Et je le ressusciterai quand on voudra, en plein jour, en plein cimetière, *coram populo*.

Ah! ceux qui le crurent ne furent pas nombreux! Les incrédules se disaient néanmoins:

—Que risquons-nous à le mettre à l'épreuve? Il faut le voir à l'œuvre; à l'œuvre on connaît l'ouvrier. Il peut réussir. C'est un homme qui a tant, tant lu! et il se fait tant de belles découvertes à l'heure d'aujourd'hui! Et puis, s'il opère le miracle, nous battrons des mains; s'il le manque, nous lui ferons la huée. Qu'il en ressuscite un, et nous verrons par là s'il a tété un bon lait.

Baste! il fut convenu que, le dimanche d'après, à midi sonnant, M. le médecin, en plein cimetière de Cucugnan, ressusciterait un mort, deux s'il fallait; il y eut même des commères qui dirent neuf ou dix!

Donc, bien avant l'heure dite, ce dimanche, le cimetière de Cucugnan fut plein comme l'église à la messe, le saint jour de Pâques. Le second coup de midi n'avait pas sonné, que M. le médecin, fidèle à sa promesse, arriva, tout de noir habillé. Il eut assez de peine et dut jouer des coudes pour se frayer un passage jusqu'à la croix et se hisser sur le piédestal.

Là, il salua, cracha, se moucha, et :

—Mes amis, dit-il, je vous ai promis de ressusciter un mort. Je tiendrai parole. J'en lève la main. Voyons du silence ! Il ne m'est pas plus difficile, je vous l'assure, de rappeler à la vie Jacques ou Jean, que Nanon ou Babet, que Claude ou Simon. Voulez-vous que je vous ressuscite… Simon ? Comment l'appeliez-vous ?… Simon Cabanier … qui est mort d'une mauvaise pleurésie, voilà bientôt un an ?

—Pardon, Monsieur le médecin, lui dit Catherine, veuve du pauvre Simon. C'était assurément un brave homme ! il me rendait heureuse, et je le pleurerai tant que Dieu me conservera les yeux de la tête ! Mais ne le ressuscitez pas ; car, voyez-vous, vienne la fin du mois, je quitterai le deuil, mes parents voulant que je me remarie avec le grand Pascal. D'aujourd'hui en huit, on publie les bancs, premier et dernier. J'ai déjà reçu les cadeaux.

—Ah ! que vous faites bien de me le dire, Catherine !… Eh bien ! alors, si je ressuscitais Nanon Carotte, qu'on enterra le beau jour de la Chandeleur !

—Gardez-vous-en bien, Monsieur le médecin, cria Jacques Lamèle. Nanon était ma femme, Nous sommes restés dix ans ensemble : dix ans de purgatoire, tout Cucugnan le sait. Que Nanon reste où elle est, pour son repos et pour le mien. Un vrai poivre, Monsieur ! têtue comme un âne et fainéante et querelleuse et souillon et déguenillée ! Avec ça les mains percées et une langue ! une langue de vipère, Monsieur, qui aurait fait battre la Sainte Vierge et Saint Joseph ! Et… je ne dis pas tout !

—Mais cependant, mes amis…

—Pardon, si je vous coupe, Monsieur le médecin ! Femme morte, chapeau neuf. Comme Nanon m'a laissé trois mioches, qui, assurément, ne ressemblent pas à leur père, et comme vous le comprenez, je les avais sur les bras, je me suis remarié. Il est donc fort inutile…

—Ca va bien. je comprends. Il est clair que ce serait vraiment pour toi un atroce martyre, si tu avais deux femmes dans ta maison ! Il y en a assez d'une, et de reste ! Eh bien ! alors, je ressusciterai… car enfin bonnes gens, il faut bien que j'en ressuscite un… Tenez, le brave Maître Pierre.

—Maître Pierre du Mas-Vieux ? dit Félix Bonne-Poigne.

—Lui-même.

—Ah ! mon pauvre père !… Que Dieu lui donne le repos, Monsieur le médecin !… un saint homme, certes ! Ne le ressuscitez pas, car s'il revenait à la vie, il trouverait assez d'embrouillement dans nos affaires ! et il en aurait le cœur navré, lui qui, le pauvre ! aimait tant à nous voir d'accord. Nous nous sommes partagé, après force disputes, force coups, un gros procès et non sans nous être arraché les cheveux, quelques lopins de terre à peine. Nous sommes six, quatre garçons et deux filles. Nous avons tous beaucoup d'enfants ; chacun tire à soi et tourne l'eau à son moulin. Allez ! il n'y a personne qui soit cossu dans la famille.

— Il ne sera donc pas possible… ?

— Pardon ! Si vous le ressuscitiez, il nous faudrait faire, entre tous, une pension au pauvre vieux. Rien de plus juste. Mais les années sont si mauvaises, Monsieur le médecin ! Vous le savez, les vers à soie ne font que des chiques, quand ils font quelque chose, les vignes ont la maladie, les blés ne rendent rien, les olives ont le ver, il ne pleut pas, les garances sont en donation…

— Eh bien ! soit. Nous laisserons dormir Maître Pierre. Mais comme je ne suis pas venu ici pour enfiler des perles et vous tous pour me regarder faire, je réveillerai… Qui voulez-vous donc que je vous réveille ?…

— Gothon ! réveillez-moi ma Gothon ! s'écria à ce moment une brave femme, en pleurant comme une Madeleine.

— Non, non, Monsieur le docteur ! ne la réveillez pas ! dit une jeune fille. Oh ! non… Belle vierge, que tu as bien fait de mourir ! Avant de mourir, elle me dit tout. Et puis nous lui mîmes sa belle robe blanche et des fleurs sur la tête !… On aurait dit une mariée. En terre sainte laissez-la, car celui qu'elle aimait vient de s'enlever avec une autre !

Pauvre… pauvre Gothon !…


— Tenez, tout cela commence à m'ennuyer. Je vais, pour en finir, réveiller le Gringalet, qui avala sa langue en mangeant de la morue, il y a un mois environ.

— Je ne veux pas, moi ! je ne veux pas, cria Louiset Coquelicot, les deux bras en l'air. Il m'avait vendu sa vigne et son mas à fonds perdu. J'ai payé pendant dix ans, et plus que la valeur, en beaux écus blancs et sans jamais retenir un sou. Il me faudrait, de nouveau, lui porter sa pension ! Ça ne serait pas juste, Monsieur le médecin !

— Vous m'en direz tant !… Eh bien ! soit. Voyons j'en sais un qui mourut ne laissant ni femme ni enfants, ni frère ni sœur, mais le souvenir, l'exemple de toutes les vertus, et ses quatre sous à votre hôpital : votre bon Curé, qui vous aimait tant, que vous avez tant pleuré, et qui, par amour pour vous, fit, il vous en souvient, un si rude voyage dans l'autre monde, cherchant, pauvre pèlerin ! dans tous les coins et recoins ses Cucugnanais et les retrouvant tous, sans en excepter un (ah ! quel malheur !), dans l'enfer grand ouvert ! Si nous le ressuscitions ?

— Ah ! non ! crièrent l'une d'ici, l'autre de là, quelques dévotes du gros grain. Non ! non ! Monsieur le médecin !…

— D'autant plus, ajouta Misé Rousseline, Mère de la congrégation, d'autant plus qu'il était vieux, le pauvre homme! et sourd comme un pot: bien tant que, lorsque je me confessais, si je lui parlais figue, il me répondait raisin. Laissez-le dans la gloire de Dieu, car, au demeurant, nous avons, à cette heure, un Curé qui est jeune et qui a bon air; il est brave comme un sou, chante comme les orgues, prêche comme un séraphin et mène sa barque à souhait.

— Que vous dirai-je? Puisqu'il en est ainsi, tournons d'un autre côté. Je vois là, tout près, une petite croix de bois; on dirait que l'herbe fleurie et les petits escargots blancs ont voulu en cacher la triste couleur noire, tant les escargots s'y sont collés nombreux, tant l'herbe a grandi drue et fleurie tout à l'entour! C'est la tombe d'un enfant à la mamelle: il avait dix mois lorsqu'il mourut, l'inscription le dit. Ce serait péché bien sûr, de le ressusciter: il est si heureux d'être mort, d'être sorti d'un monde où l'on entend... ce que vous me dites, mes pauvres amis! Si cependant vous voulez que je le revienne, je le reviendrai tout de même.

— Monsieur le docteur, dit alors une pauvre vieille en pleurant, ce petit mort est à nous, hélas! et je suis sa mère-grand. Ma fille ne l'avait pas encore sevré; il mettait ses dents de lait, lorsque, *pecaire*, il mourut. Ah! si vous aviez vu comme il était beau, notre petiot! Dieu nous l'a pris: eh bien! sa volonté soit faite! Nous en avons un autre qui tète. Dieu fait bien ce qu'il fait: ce qu'il prend d'une main, il le rend de l'autre. Nous ne pourrions pas en allaiter deux et nous sommes trop pauvres pour en mettre un en nourrice.

Alors, le médecin:

— Assez pour aujourd'hui, et même trop! dit-il. Puisque vous ne voulez pas que je fasse aujourd'hui le miracle, j'essaierai de le faire un autre jour, non en ressuscitant un trépassé, — car, vous le voyez, vous me rendez la chose impossible, — mais en venant en aide aux vivants tombés en danger de mort. Adieu.

Et il s'esquiva.

Qui ne vous a pas dit que, depuis ce dimanche mémorable, notre médecin fit miracle dans Cucugnan. Il ne ressuscita pas les morts, mais il sauva la vie à plus d'un malade. Les Cucugnanais eurent pleine confiance en lui:

— Car enfin, disaient-ils, s'il ne tint pas sa promesse au cimetière, ce n'est pas à lui, soyons justes, qu'il faut en faire remonter la cause.

Et tout est bien qui finit bien.

# À L'HÔPITAL

Jacques Rousset (on l'appelait Trompe-la-Mort) et sa femme Jeanne (on la surnommait la Rapiécée), tombèrent malades tous les deux d'une mauvaise indigestion d'escargots. On les porta à l'hôpital, car ils étaient pauvres, vieux et fort hypothéqués ! car leur aîné, leur cadet, leurs jumeaux, leur cinquième et leur fille, la plus jeune, étaient tous mariés, établis, l'un ici, l'autre là, et pauvres comme père et mère, ils ne pouvaient les secourir.

À l'hôpital, ils le méritaient bien, on en prit grand soin, rien ne leur manqua.

Jacques Rousset, peu à peu, alla de mieux en mieux et le médecin l'avait mis à la demi-portion. Et la pauvre Rapiécée ? Ah ! la pauvre Rapiécée, hélas ! peu à peu alla de mal en pis et si mal qu'elle en mourut.

La sœur, qui était de service quand la malade se pelotonna et rendit le dernier soupir ; la sœur, qui l'avait entendue, à l'agonie, lui faire pour son brave Jacques Rousset tant de recommandations, alla porter au veuf la triste nouvelle ; et prenant des précautions pour lui adoucir le coup et l'y préparer doucement :

—Rousset, lui dit-elle, que Notre-Seigneur vous conserve ! Comment sommes-nous aujourd'hui ?

—Toujours bon appétit, grâce à Dieu ! répond le convalescent.

—Tant mieux, tant mieux !

—Allons, ce ne sera rien… il faut l'espérer… avec la grâce de Dieu… Votre femme… sûrement… va bien à cette heure… Car, voyez-vous ! nous sommes tous sous la main de Dieu… Et puis, il faut se faire une raison… Eh bien ! votre femme, cette nuit… a fini de souffrir.

—Elle est morte ! vraiment ?

—Elle est morte. Que Dieu la repose !

—Eh bien ! alors, ma brave sœur, pourriez-vous pas me faire donner portion entière ?

LA CHÈVRE

Quand ils se furent plu, Tonin et Gothon s'épousèrent. Il se trouva que Gothon était une bonne âme et Tonin un braillard brutal. Si la soupe était fade, ah! pauvre Gothon! Et quelles tripotées, s'il y avait un peu trop de sel! Tonin tapait dessus… comme un maréchal ferrant.

La pauvrette lui disait:

—Tonin, tu n'es vraiment pas raisonnable! Toujours le pied ou la main en l'air!… C'est un martyre!… Est-ce une vie, ça? Tu me feras devenir chèvre[16].

Plaintes inutiles! Gothon était malheureuse comme les pierres du chemin. Où chercher un refuge? Elle s'en alla, *pecaire*, trouver Monsieur le Curé. Où voulez-vous qu'elle allât? Quand elle eut exposé son cas de fil en aiguille:

—Gothon, lui dit le Curé, je te trouve bien à plaindre, certes! et je ne voudrais pas être à ta place. Il ne faut pourtant pas perdre patience ni jeter le manche après la cognée… Voyons, que dis-tu, à ton grand brutal d'homme, quand il te secoue les mites de cette façon?

—Que voulez-vous que je lui dise, mon bon Monsieur le curé? Qu'il n'est pas raisonnable et qu'il me fera devenir chèvre… Ah! vous qui en savez tant et qui avez les bras si longs, si vous trouviez un remède qui guérît mon Tonin, vous me rendriez un fier service!

L'homme de Dieu, tout soucieux, se grattait le front et, comme les aulx en terre, il travaillait de la tête.

—Gothon, dit-il tout à coup, je tiens le remède, et je le crois bon.

—Dieu vous entende, Monsieur le Curé, et y mette sa sainte main!

—Voici ce que c'est, Gothon: retourne à ton logis; sois toujours une brave femme, et prends patience…

—Ca vous est bon à dire! mais si vous étiez à ma place…

—Notre Seigneur a bien plus souffert!… La première fois que ton mari te battra, deviens chèvre!

—Comment!… deviens chèvre?

---

[16] Proverbe provençal. *Faire veni cabro*: il vous ferait sortir des gonds. Mistral, *Lou Tresor.*

—Oui. Rien n'est plus aisé, mon enfant. Comment font-elles, les chèvres? Elles font: *Bé! bé!…* Ne sais-tu pas faire *bé!* Gothon?

—Si… *Bé!… bé!*

—C'est ça même: *bé!… bé!…* Et sois chèvre jusqu'à ce que je te dise de ne plus l'être. Entends-tu?

—Ah! si ce n'est que, ça, soyez tranquille, Monsieur le Curé… je deviendrai chèvre… Grand merci!… et adieu!

☙

Et Gothon retourna au logis.

Quand, le soir, rentra son hérisson d'homme:

—Eh bien! souillon, dit-il, la soupe est-elle trempée?

—*Bé!* répondit Gothon.

—Tu dis?

—*Bé!*

—Comment? *bé!… bé* de quoi?… Oh! la masque[17]!… Tout à l'heure je te secoue!

—Béé!

—L'impertinente!… Ah! je vais te faire dire *bé*, moi… attends!

Et pif! et paf! Pif sur les joues! paf sur l'échine! Il la désarticula, le monstre!

—Or ça, comment trouves-tu le bouillon, guenille?

—*Bé! bé!* répond la martyrisée.

—Peut-être ne l'ai-je pas suffisamment salé?

—*Bé! bééé!* gémit toujours Gothon, très scrupuleuse à suivre les prescriptions du Curé… *Bé! bé! bééé!*

Tonin alors se dit:

—Est-ce que, par hasard…? Bah! ce n'est pas possible! Gothon?

—*Bé!*

—Si nous allions nous coucher?…

—*Bé! bééé!*

—Sapristi!… Serait-elle devenue chèvre?… Elle est devenue chèvre! Ah! miséricorde du bon Dieu!… Ah! *pecaire*… elle me l'avait bien dit!… Gothon?

—*Bééé!*

Ils se couchèrent sans souper. Gothon riait sous cape; Tonin avait la fièvre et ne put fermer l'œil. Entre temps, pour voir si son malheur était bien réel:

—Ma belle, ma chérie! disait-il à Gothon.

---

[17] Sorcière. Du provençal: *masc*, sorcier.

Et Gothon, toujours et de plus en plus enchèvrée, répondait :
—*Bé ! bé ! béé !*

Avoir pris femme, un beau jour, et se trouver en puissance de chèvre ! Vous concevez que Tonin en fut tout penaud et tout désorienté… Et, dans son lit, il se démenait, et pleurait, et se mordait les poings et s'arrachait les cheveux !

—Ah ! mon Dieu ! aie,! aie ! aie ! se disait-il, quel sort est le mien ! Et qui me la désenchèvrera ? Cela n'est rien encore : *bé, bé !*… ce sera bien autre malheur quand elle ira à quatre pattes par les chemins, qu'il lui faudra faire de l'herbe ou l'attacher dans le pré, qu'il lui poussera des cornes et qu'elle m'encornera ! Qu'en diront les gens, mon beau Jésus !… Gothon ?…

—*Bééé !*

⌘

Dès qu'il fit jour, Tonin fut sur pied et courut chez le bon Curé pour lui conter son cas, et le prier, à mains jointes, d'exorciser sa pauvre femme.

—Mais… que t'arrive-t-il, Tonin ? lui dit le prêtre… te voilà bien matinal !… Tu as l'air d'un déterré !

—Il m'arrive un gros malheur ! Je suis perdu ! Je me noierai !… Ma pauvre femme !

—Qu'y a-t-il ?… faut-il aller l'administrer ?

—Ce ne serait rien…

—Ce ne serait rien… ! Mais, voyons, Tonin ! ta femme ?…

—Elle est devenue chèvre

—Devenue chèvre !… Oh ! oh !…

—Et je me suis dit que, peut-être. vous pourriez me la désenchèvrer. C'est pitié de l'entendre bêler nuit et jour : *Bé ! bé ! béé !*

—Malheureux !… Je vois ce que c'est : tu l'as battue !

—Ah ! que trop, pour mon malheur !

—Tu n'as pas honte, Tonin ? Quels sont les hommes qui commettent ce gros péché mortel de battre leur femme ? Tu ne veux pas, après ça, que Dieu te punisse et se mette en frais d'un miracle ?

—Je ne le ferai plus, Monsieur le Curé… Je vous en demande pardon !

—Désenchèvrer une femme, ce n'est point petite affaire, Tonin !… Pourtant, j'essaierai. Dieu seul est grand et bon, et prête son aide à qui l'aime et plie sous sa loi. Si tu veux que ta Gothon ( quel dommage ! une si brave femme ! ) que ta Gothon, de chèvre qu'elle est ( dis ton *mea culpa*, gueusard ! ), redevienne femme, jure-moi que, jamais de ta vie et de tes jours, tu ne la battras plus.

—Je le jure, *la main dans l'enfer tout ouvert !*

—Si tu la battais encore, brutal, ce serait bien fini, crois-en ma parole… Et cette fois, je t'en préviens, elle en aurait pour la vie…. Allons, va-t'en vite, va, et dépêche-moi ta chèvre.

❧

Tonin, un peu tranquillisé, courut vers sa chèvre et lui dit :—Gothon ?
—*Bé !*
—Bon ! bon ! tu feras *bé*, bêtasse, quand tu seras chez Monsieur le Curé. Vas-y vite, qu'il t'attend. M'entends-tu ?
—*Bééé !*
La chèvre mit dare dare une coiffe propre et son tablier des dimanches, jeta sur son miroir un petit coup-d'œil, et partit.

❧

Elle fut d'un saut au presbytère.
—Ma fille, lui dit l'homme de Dieu, il est excellent, le remède ! Tout va bien : ton homme est guéri, il ne te battra plus, et je te désenchèvre. Cours vite chez Tonin et baise-le sur les deux joues. Sois honnête, travaille les jours ouvriers, et viens au prône le Dimanche.

❧

Et Gothon s'envola dans les bras de Tonin, et elle lui dit :
—Mon bel homme, il en sait long, Monsieur le Curé !
—Ah ! ma chère, fit Tonin en l'embrassant, s'il ne t'avait pas vite désenchèvrée, j'étais dans le cas de devenir bouc.

# LE JOUEUR

Nous disions donc, comme bien vous savez, que Saint Pierre et son divin Maître, quand il leur plaît, dévalent du paradis en terre, pour voir comment vont les choses en ce pauvre monde.

La dernière fois qu'ils dévalèrent, quand ils eurent vu que tout allait à peu près à l'accoutumée et qu'il s'en allait nuit, ils demandèrent la *retirée*[18] à un brave *fustier* (charpentier) qui leur fit manger un morceau et boire un coup, et tant de bon cœur que le divin Maître lui dit :

— La paix de Dieu soit toujours avec vous, brave homme ! Pour grand-merci de votre assistance, je veux vous accorder de faire trois souhaits. Vous les ferez de votre mieux, — ça vous regarde, — et moi je les accomplirai. Ce que je promets, je le tiens, et ce que j'ordonne se fait.

Saint Pierre alors s'approcha du fustier et lui dit à l'oreille :
— Demande ton salut !
Et le fustier de répondre :
— Mon ami, je sais ce que j'ai à faire. Je demanderai ce que bon me paraîtra.
Et avec ça, il dit à Notre-Seigneur :
— Toujours jouer, jamais gagner !… Voyez, Maître, accordez-moi, si vous pouvez, de toujours gagner quand je jouerai aux cartes.
— Je te l'accorde. Et d'un. À l'autre.
Saint Pierre s'approche encore du fustier et se penchant à son oreille :
— Malheureux ! fit-il encore, demande ton salut !
— Laissez-moi la paix, vous. Est-ce que ça vous regarde ? lui répond le fustier. Je sais mieux que vous ce qui me convient. Je veux demander ce qui m'agrée. Vous êtes une scie !
Et puis, à Notre-Seigneur Maître :
— Accordez-moi, si vous pouvez, que qui s'assoira sur mon plot, il s'empeige, et ne puisse plus se *dépeiger*[19] sans ma permission. Je sais pourquoi…
— Je te l'accorde, dit Notre-Seigneur. Et de deux. Maintenant… au dernier.

---

[18] Asile pour la nuit.
[19] Empeigé : Prov. *empega, empejà* : collé, empêtré ; se dépeiger : se décoller.

Saint Pierre s'approche encore du fustier et à son oreille :

— Misérable ! tu n'en as plus qu'un ! Ton salut ! demande-lui vite ton salut !

— Tu finiras par me faire monter à l'échelle, vieux ronchonneur ! lui répond le fustier. Te l'ai-je assez dit !

— Maître, divin Maître ! cria saint Pierre, les mains jointes, vous le voyez : cet homme est une bête brute ! Vous qui êtes autant bon que grand, accordez-lui son salut. Je vous le demande pour lui.

— Pierre, répond le Maître, ça ne te regarde pas. Tais-toi ! et toi, parle, que je t'écoute.

Et alors le fustier :

— Avez-vous vu, à main droite, en entrant dans la boutique, le figuier qui ombrage mon puits ? Ils me volent toujours mes figues… Eh ben ! Maître, ô vous qui êtes autant bon que grand, je vous demande en grâce que, qui sur mon figuier montera, n'en puisse plus descendre sans ma permission.

— Accordé. Et de trois. Et voilà tout.

Deux grosses larmes perlèrent sur les joues de saint Pierre et se perdirent dans sa barbe blanche.

— Maintenant, nous n'avons plus rien à faire ici, dit le Seigneur…

Et les deux pèlerins du ciel resplendirent soudain, et se dissipèrent comme une fumée.

Ravi de ses trois souhaits, le fustier voulut vite savoir si c'était bien vrai, ce que le Maître lui avait dit : « Ce que j'ordonne se fait. »

Adoncques, il commença par aller jouer. Effectivement, il gagna honnêtement, gagna tant, que de pauvre il devint riche, riche à ne plus savoir que faire de son argent et de son or. Et, ce qui est extraordinaire, il ne fut pas avare ; et, ce qui est aussi fort singulier, fustier il était et fustier il resta.

Comme, dans le fond, il était brave homme, tout joueur qu'il était, il rendait service tant qu'il pouvait et faisait des heureux tant qu'il voulait. Tout pauvre venant lui faisait joie. Et comme, quand il n'y en avait plus, il y en avait encore, il avait la main trouée. Et quand il dissipait ainsi ses trésors, il riait, et goguenardait plus que pas un.

Et avec ça, pas moins, un jour vint la Mort, fagotant ses os dans un grand linceul blanc, car il faisait fresquet.

—Oh! que je suis lasse! dit-elle en arrivant.

Et elle s'assit sur le plot du fustier.

—Allons! qu'elle dit, fais ton acte de contrition et ton paquet, car c'est ton heure, et je viens te quérir.

—Tu es bien pressée, la Camarde! lui répond le charpentier, qui charpentait, tranquille comme Baptiste. Si tu es lasse, repose-toi.

—J'ai force ouvrage; faut que je parte.

Et la Mort veut se lever et pour se lever, fait effort, mais pas mèche: elle est empeigée sur le plot, et se dépeiger ne peut. Elle tape du pied, et, si elle en avait, elle s'arracherait la bourre[20]… De plus en plus se perforce-t-elle. Peine perdue!

—Eh ben! maintenant, que faire? dit-elle au fustier en grommelant. Et mon ouvrage? J'ai tant d'ouvrage!

—Je t'ai domptée et je suis ton maître, dit le fustier… Si je n'étais pas bon enfant, ô laide Mort, tu passerais là belle vie!… Si, pas moins, tu veux, je te délivrerai, à condition…

—À condition…?

—Que tu me laisses la paix cent ans, pour le moins. Veux-tu?

—Nenni! Tu m'en demandes trop!

—Ah! quoi? nenni?… Eh ben! si ça te plaît, reste-y! Qui est bien, qu'il y reste.

Et le fustier riait… et goguenardait comme pas un.

À la parfin, la Mort lâcha et ils tombèrent d'accord à cinquante ans.

Dépeigée, la Mort se leva, et ronchonnant, fusa comme un éclair, pour aller faire son ouvrage.

Et le bon charpentier d'aller au levage de ses charpentes, satisfait de son premier souhait, de sa *pache*[21] avec l'Édentée et du voir-venir, et il laissa courir l'eau. Et de temps en temps le jeu lui profitait.

Quand vous êtes heureux, que rien ne vous manque et que vous ne languissez pas, cinquante ans sont tôt passés. Voilà que revient la Mort, fagotant ses os dans son grand linceul blanc:

______________________________

[20]  Le poil.
[21]  Pache: pacte, marché. *Pacho facho*: affaire conclue.

     *Pacho*
     *Facho*
     *Cènt escut pèr la defascho.*

—Ah! hisse! qu'elle lui fait. Cette fois, c'est tout de bon et c'est l'heure!

—Te voilà encore, vieille Marque-mal! dit le fustier. Qui te demande? Ce n'est pas encore l'heure manque d'une petite demi-heure, si mon coucou va bien.

Et la Mort, toujours en avance, attendant l'heure, admirait le grand figuier du fustier.

—Les belles figues! qu'elle dit. Elles font le miel et vous tirent aux yeux.

—À ton service, si tu en veux.

La Mort a toujours faim: elle monta donc sur le figuier. Ah! qu'elle en avala!

La petite demi-heure prit fin et la vieille Marque-mal, comme un affreux oiseau de rapine sur la branche, d'en haut cria au fustier:

—Eh ben! cet acte de contrition est-il fini, oui ou non?

—Tu peux dévaler: je suis prêt, répond le fustier.

Et la Mort veut dévaler, mais elle est clavelée sur le figuier et ne peut se *déclaveler*[22]. En vain elle s'éreinte en efforts.

Et le fustier de rire et de goguenarder comme pas un.

—J'ai été, je suis et serai ton maître, fait-il. Si, pas moins, tu veux, je te délivrerai, car je suis pitoyable. Je te déclavellerai, mais à condition…

—À condition…?

—Que tu me laisses tranquille pour le moins cent-cinquante ans. Veux-tu?

La Mort et le fustier disputèrent assez, mais enfin tombèrent d'accord à cent ans. D'ici là, se dit le fustier, il en passera de l'eau au Rhône! D'ailleurs, mes jambes tremblotent et je sens que je me fais un tantinet vieillot.

La Mort dévala, et prit la poudre d'escampette, mordant ses doigts.

Les cent ans passèrent. La Mort arriva, trouva le fustier eccléné[23] comme un vieux tonneau, bavant, branlant le chef et tout replié sur lui-même. Elle le saisit pendant qu'il sommeillait, le chargea sur son échine et l'emporta dans l'autre monde.

Quand ils sont devant la porte du paradis, elle décharge son fardeau sur le seuil et frappe. La porte s'ouvre:

---

[22] Clavelée: clouée, fixée, fermée à clef. En provençal, la *claveto* est une petite clé.
[23] Penché, courbé.

—Tiens, Pierre, lui dit la Mort, en voici un qui a bien gagné votre paradis il a vécu deux cents ans!

—Quel est ce tant patient? dit le porte-clefs.

—Le brave fustier, répond celui-ci, qui, vous en souvient-il? vous a donné la retirée[24], un jour que vous étiez tant las!

—Ah! c'est toi, têtu! toi qui, lorsque je te disais une fois, deux fois, de demander ton salut, m'appelas vieux ronchonneur? Tu n'as pas voulu ton salut, et tu veux à cette heure entrer dans le paradis? Eh ben! mon homme, va-t-en au diable!

—Pas moins, Saint vénérable, j'ai fait du bien tant que j'ai pu et des heureux tant que j'ai voulu. J'ai été fidèle à ma pauvre femme tant qu'elle a été en vie, et mêmement après sa mort…

—Ils n'entrent pas ici, ceux qui paillardent avec la Dame de pique! Nenni, tu n'entreras pas. Qui t'a apporté, qu'il te remporte.

Et la Mort, en riant, le charge encore sur son échine. Et vogue la galère!

Quand elle fut devant la porte du purgatoire, elle déchargea son faix sur le seuil et heurta.

—Qui est là? dit une voix d'enrhumé.

Et la Mort de répondre:

—Ouvrez, c'est moi. Je suis la Mort! Je vous apporte un pauvre fustier qui m'a donné grand souci. Il a vécu deux cents ans! Une tant longue vie est presque un purgatoire; mais comme il était joueur un tantinet…

—Les joueurs sont les enfants du diable, cria la voix. Qu'il aille au diable, le joueur!

⁂

Et la Mort, éclatant de rire, apporte et pose son faix sur le seuil de l'enfer.

Quand Cifer reconnut le fustier:

—Holà! est-ce toi? lui fit-il. Je me languissais de te voir. Eh ben! maintenant nous y voilà! On va faire ton lit, et va, tu y seras à l'aise!

Alors, pitoyable, la Mort lui dit:

—Pas moins, faut pas trop souffler les gaviots. Il fut grand joueur, mais il faut, puis, être juste. Qui diable ne jouerait pas, s'il gagnait toujours? D'ailleurs, il a été fidèle à sa femme tant qu'elle a été en vie…

—Et mêmement après sa mort. Je sais ça! répliqua Cifer en sacrant et en fai-

---

[24] Offert le gîte, donné accueil.

sant ronfler les *r*! Mais, grand coquin de… sort! il est mien, bien à moi! Je l'ai, le tiens et le garde.

—Joueur! fit le fustier, tremblant comme le roseau des étangs, c'est vrai! Il y a longtemps de ça, je l'étais. Bien que je gagnasse toujours, je gagnais toujours honnêtement. Eh!… que voulez-vous?

Alors Cifer, le coupant:

—Toujours gagner? dit-il, et sans faire tort? Ça?… ça ne s'est jamais vu et ne se verra jamais…

—Excusez, fit le fustier. Si vous ne l'avez jamais vu, je vous le ferai voir, moi. Avez-vous des cartes ici?

Et Cifer, qui, pour damner tant d'âmes, inventa les cartes; Cifer, qui a toujours entretenu, irrité, envenimé la diabolique passion du jeu, qui d'un joueur fait un larron, Cifer haussa les épaules:

—Pauvre innocent fit-il… tu ne veux pas que nous ayons des cartes. C'est ici qu'il s'en est fait et que s'en conserve le moule… Eh bien! tiens, allons! jouons. Tu en apprendras que tu n'as jamais sues. Que jouons-nous?

—Ici, balbutia le fustier, je n'ai plus rien… rien que ma pauvre âme, hélas! Je vous la joue… si ça peut vous faire plaisir.

Un démon, noir comme la poêle, apporte soudain un jeu de cartes, et le baille respectueusement au Roi des enfers. Les joueurs s'asseoient, mêlent les cartes.

Le fustier a la donne.

Cifer coupe.

À la première.

Et ils entament la partie.

La Mort les apinchait[25] en ricanant, au milieu d'un vol de diables qui, le cœur battant, ouvrant des yeux enflammés, retenant leur flat[26], faisaient cercle autour des joueurs. Cifer et le fustier se serraient de près. Il y en avait pour tous deux…

Qui gagna?

—Le fustier!

Les diables, épouvantés, s'encafournèrent dans le gouffre embrasé. Et Cifer, en se levant:

---

[25] Les excitait.
[26] Souffle.

—Cré nom de nom! qu'il hurla… Mais qu'as-tu donc fait, prédestiné que tu es! pour être ainsi l'ami de Dieu?… Passe ton chemin, ô Juste, et que jamais je ne te revoie!

Et la Mort ne riait plus; et le temps de virer l'œil, elle emporta le fustier sur ses épaules à la porte du paradis, le déposa plan-plan sur le seuil, fit son bonsoir, et, rapide comme l'éclair, dévala sur terre, où, depuis quelque temps, personne ne trépassait plus. Et elle reprit tranquillement son ouvrage…. Elle ne l'a plus quitté depuis.

∞

Le fustier attendit quelque temps encore après que la Mort l'eut posé. Il avait beau heurter et prier Pierre ne voulait entendre à rien.

Mais Jésus, à la parfin, ouït le dolent qui priait et comme il écoute toujours qui le prie, Notre Seigneur et Sauveur dit à Pier-re:

—Pierre, mon ami, apaise-toi. Il fut joueur, j'en conviens, mais il a été fidèle à sa femme tant qu'elle fut en vie, et mêmement après sa mort; il a fait des charités tant qu'il a pu… et il m'a prié. Adoncques, que devant lui s'ouvre toute grande la porte d'or du paradis, et que, par ma grâce et ma miséricorde, il entre dans l'éternelle gloire de Dieu.

∞

Saint Pierre finit par s'apaiser et ouvrit. Le fustier entra, éblouissant comme un soleil. Et le grand Saint Joseph, patron des fustiers, vint au-devant du fustier charitable, pour lui souhaiter à jamais bonnes fêtes et lui faire une embrassée.

—Oh! brigand! ah! coquin de tron-de-l'air!

—Que t'arrive-t-il, Sang-chaud? Tu fais feu des dents!…

—Tu ne veux pas que ça chauffe, Sang-froid! J'en suis pour mes cinq francs. Entends-tu?

—Mon ami, si tu les as bus, ce n'est point grand malheur.

—Si je les avais bus, je ne les regretterais pas. Mais c'est comme si j'avais jeté mon bel écu blanc dans la mer. Entends-tu?

—Conte-moi ça, Sang-chaud.

—J'ai mon dernier-né en nourrice, à Laudun, car ma femme n'a pu le nourrir. Entends-bien. On m'a fait dire, hier, que le nourrisson était malade de la vermine et de la dent de l'œil, et qu'il fallait aller le voir. Entends-bien. Je n'ai rien dormi de toute la nuit, et j'ai été matinal. Dès que j'ai été sur pied, j'ai couru chez M. Chabert, loueur de chevaux et de voitures, et je lui ai dit:

—Monsieur Chabert, louez-moi vite un cheval: il faut que j'aille à Laudun, où j'ai mon dernier-né en nourrice, car ma femme n'a pu le nourrir. On m'a fait dire qu'il est malade de vermine et de la dent de l'œil. Entendez-bien. Nous avons été d'accord, la main dans la main, et l'on a exigé de moi cinq beaux francs d'arrhes.

—Eh! bien, après?

—Après, Sang-froid, voici… Oh! brigand! ah! coquin de tron-de-l'air!… Nourrice et nourrisson viennent d'arriver chez nous. Le malade, se porte comme trois, il tète comme quatre, et mes cinq francs sont f… lambés. Entends bien!

—Sang-chaud?

—Sang-froid!

—Tu es une bête. Ça t'inquiète?… Si tu me donnes ta parole que nous les mangerons ensemble, tes cinq francs seront bientôt dans ta poche.

—Je le promets.

—Viens avec moi à l'écurie. Seulement, tu ne souffleras mot, et me laisseras faire.

—J'entends bien, dit Sang-chaud.

∞

Et Sang-chaud et Sang-froid furent vite dans l'étable de Monsieur Chabert.

—Jean, dit, Sang-froid, au valet d'écurie, où donc est ce cheval? Amène-le-nous: nous voulons le voir.

—Il mange l'avoine, répondit Jean. Je vais vous l'amener. Une solide bête, Messieurs, et brave! Vous la conduiriez avec un fil de laine.

—Je ne dis pas le contraire, dit Sang-froid.

—Entends-tu? dit Sang-chaud…

Et le valet Jean amena le cheval.

Sang-froid fait alors le tour de l'animal, l'examine du haut en bas, et de la tête à la queue, et sous les quatre fers, et lui regarde l'œil, et lui tâte les oreilles. Puis, il élargit la main, et le mesure… un… deux… trois… quatre… cinq… six… depuis la tête jusqu'à l'extrémité de la croupe.

—Eh! si vous vouliez l'acheter, vous ne seriez pas plus méticuleux, dit Jean, écarquillant les yeux, et ne comprenant pas le pourquoi de ce mesurage

Et Sang-froid de remesurer… Pensif, la tête penchée et son menton dans la main, il calculait, calculait….

—Eh! que calculez-vous donc là? finit par lui dire le valet d'écurie impatienté. On dirait que vous arpentez une terre!

—Je calcule, lui répond Sang-froid, je calcule… Indubitablement ce cheval sera trop court…

—Trop court? s'écria Jean.

—Oui, court et très-court!… Mesurons plus exactement, dit Sang-froid.

Et d'élargir de nouveau la main et de mesurer encore à partir de la tête:

—De là jusque là, dit-il, il y aura place pour la petite fille. De là jusque là, pour ma femme. De là jusque là, pour moi. De là jusque là, pour Catherine… en nous gênant, un tantinet.

Il en était à la queue de la bête, quand:

—Et le sac de pommes de terre, fit-il, où le mettrons-nous. Je vous l'ai bien dit que ce cheval serait trop court

—Ta! ta! ta! dit le valet d'écurie, vous croyez que nous louons pareils chevaux, nous, pour qu'on nous les éreinte?

Le cheval est loué, Monsieur! bel et bien loué, lui répond Sang-froid: vous avez les arrhes. Tout court soit-il, ça ira tout de même. Nous en serons quittes pour nous gêner un brin, et… pour laisser le sac de pommes de terre.

—Que le diable vous emporte! cria Jean. Si je ne me contenais, je vous casserais la gueule.

Et Jean jette par terre les cinq francs d'arrhes, et *hi!* reconduit le cheval à l'écurie.

Sang-froid ne voulait pas accepter les arrhes, mais, Sang-chaud les ramassa vite… Vous entendez?

J'ignore s'ils mangèrent les cent sous: ce que je sais bien, c'est qu'ils en burent une bonne portion. En effet, à la tombée de la nuit, on les rencontra brandillants comme des sonnailles. Voire on dit qu'il leur eût été difficile, eussent-ils été cordonniers, *de faire li simello*[27] !

---

[27] Faire la semelle, guetter, tenir debout.

## L'ABBÉ TABOUISSOUN

L'abbé Tabouissoun était, avant 1789, curé de Cucuron, joli petit village provençal perché sur un mamelon du Luberon, comme un moineau sur une courge.

Et il se devinait qu'il était Tabouissoun[28] de nom et de tail-le, petit, grassouillet, et tellement court que, s'il n'avait pas eu la précaution, quand il prêchait, de se mettre sous les pieds escabeau sur escabelle, Monsieur le Curé, avec ses mentons, car il en avait deux, aurait frôlé le rebord de la chaire.

Il est vrai de dire que, quand on exécuta le plan de cette chaire, on aurait dû en diminuer l'ampleur et la profondeur. On ne l'eût certainement établie ni si ample ni si profonde, si l'on avait pu deviner que l'abbé Tabouissoun y monterait un jour… Eh bien! vous verrez cependant que c'est ainsi qu'il la fallait.

Nous sommes donc ici pour constater que cet abbé Tabouissoun côtoyait la soixantaine, environ; et, certes, il portait bien ses ans, ferme et droit sur ses mollets rondelets! Si de longs cheveux blancs ne lui avaient pas fait une couronne, et s'il n'avait pas sifflé en parlant, — car les dents de devant lui étaient tombées, — vous lui auriez donné tout juste la quarantaine, encore auriez-vous cru faire verser la mesure. Et la bonne pâte de curé que c'était là! Heureusement la graine ne s'en est pas perdue: bien dans son devoir, avenant, rien scrupuleux, pieux, pas méticuleux, et surtout charitable: il n'avait rien à lui, il se serait, les grands hivers, levé le morceau de la bouche pour nourrir qui pâtissait de faim à son entour, et la *roupe*[29] qu'il avait sur les épaules pour garantir du froid les pauvres vieillards souffreteux.

Quoiqu'il parût fleuri de santé et que ses mentons, ses joues, son ventre rebondi et son œil vif, disent qu'il n'était pas à plaindre et que sa servante lui donnait la becquée avec soin, il avait pourtant, cela semble incroyable, une maladie opiniâtre, — non mortelle, mais ennuyeuse. Qu'y faire? En ce monde, il faut que nous ayons tous quelque mal: ceux qui se portent le mieux sont ceux qui sont le moins malades.

Quelle était donc la maladie de l'abbé Tabouissoun?

C'était d'avoir continuellement la bouche et la langue sèches comme un mor-

---

[28] Petit bouchon de liège.
[29] Roupe: houppelande, manteau.

ceau de bois. S'il avait trop de sang (vous auriez dit qu'il allait jaillir de ses joues), il manquait de salive. En conséquence, il fallait qu'il se la tint mouillée, cette pauvre bouche toujours sèche, et qu'il mit tremper sa langue comme on fait d'une merluche. Et il buvait, toujours il buvait, sans avoir soif. Un vrai supplice !

Pourtant, n'allez pas croire que c'est de ma part un biais pour vous faire entendre que M. le Curé était un ivrogne. Ah ! Dieu m'en préserve ! Le pauvre homme ! il buvait comme remède l'eau du puits de son presbytère. Vous conviendrez avec moi qu'il ne commettait pas un péché mortel s'il coupait ce boire avec un filet de vin blanc de ses messes. Son médecin, quelques années de suite, l'avait promené, quand venait l'été, de Vacqueyras à Montbrun et de Montbrun à Propiac. Hélas ! il partait avec la langue sèche, avec la langue sèche il revenait. Il fallait toujours recourir au premier remède. Et le plus gênant pour notre malade, c'était de monter en chaire, ce qui arrivait tous les dimanches de l'année, pour le prône, et toutes les grandes fêtes pour le sermon. Le pauvre abbé Tabouissoun en faisait pour deux : il n'avait pas de vicaire.

Mais voici le truc : avant le sermon, il faisait monter son sacristain comme pour enlever la poussière sur le rebord de la chaire, mais en réalité, pour y cacher dans le fond la petite bouteille du remède. Inutile de dire que, selon le plus ou moins de longueur du prône ou du sermon, le sacristain avait soin, sur l'ordre de M. le Curé, de préparer et de cacher une fiole plus ou moins ventrue.

Et puis le prédicateur prêchait, et quand l'accès de sécheresse le prenait, le pauvre homme ! et qu'il semblait en parlant mâcher de l'étoupe, il feignait de laisser tomber sa calotte ou son mouchoir, se baissait pour les ramasser... tétait une goutte ou deux, et se relevait vite en s'épongeant le visage avec son mouchoir. Que, croyez-vous ? ce *tombe-lève* se voyait à peine d'en bas, tant l'abbé Tabouissoun en avait pris l'habitude et le faisait vite et bien. La grande chaire cachait tout. D'ailleurs les Cucuronais s'y étaient faits, seulement il leur était avis à quelques-uns que le petit curé ramassait trop souvent sa calotte ou son mouchoir.

Mais baste ! M. l'abbé Tabouissoun, pour le prononcer un jour de grande marque dans l'année, avait longtemps mûri, puis mis posément par écrit un sermon... On ne pouvait rien lire de mieux fignolé ni de plus touchant : c'était une Passion. Il l'étudia consciencieusement ; puis, quand il la sut sur le bout du doigt, il fit la répétition dans sa chambre, devant son miroir, et en s'humectant la bouche bien à son aise, quand il en avait besoin.

Vint ensuite le jour désiré, le beau Vendredi-Saint. Jamais plus nombreux auditoire ne s'était pressé dans l'église de Cucuron, trop étroite ce jour-là. La servante de M. le Curé avait fait courir le bruit dans le village qu'on n'entendrait jamais rien de plus triste que la Passion de M. le Recteur. Il n'y eut pas assez de bancs ni assez de chaises pour tout ce monde qui courut l'entendre et beaucoup s'assirent par terre.

Quand le sacristain eut bien… épousseté la chaire, le prédicateur se fraya péniblement un chemin pour y monter. Il y arriva tout suant, front haut et cœur battant. Dès qu'il se fut signé, un silence solennel se fit : vous auriez entendu le bruissement d'ailes d'un moucheron. La voix émue de l'orateur sacré s'entendit, claire et tremblotante ; Cucuronais et Cucuronaises buvaient les saintes paroles et n'en perdaient pas une goutte. Rarement, même dans son jeune temps, M. Tabouissoun ne s'était mieux comporté, et en vérité, il n'eut que quatre ou cinq fois besoin… de ramasser sa calotte. Il gesticula, sua, se démena, et sans cracher, pas n'est besoin de le dire, deux grosses heures d'horloge. Et quand finalement il en fut au passage émouvant où, selon l'usage, le prêtre élève le Saint Christ et où tous les fidèles, touchés et repentants, s'agenouillent, baissent le front et pleurent :

— Mes frères, dit l'orateur, le voilà le saint Sauveur. Voilà le Dieu qu'il faut aimer…

De tant de têtes inclinées, il y en eut d'abord une ou deux, des fillettes nez en l'air, qui se tournèrent vers le prédicateur, et vite de cacher leurs rires ! Il y en eut tout de suite vingt, — des femmes et de grands garçons, — et puis quarante qui, pour ne pas donner scandale, étouffaient leurs rires. Tous enfin, filles, garçons, hommes et femmes, se mordaient les lèvres pour ne pas éclater.

Ah ! si ce n'avait pas été un Vendredi-Saint ! et dans l'église !…

C'est alors que Misé Praxède, la servante de M. le Curé, ne pouvant plus y tenir, se dressa sur son banc, bouleversée, pâle comme une morte et les mains sur la tête, s'écria :

— Prenez garde, Monsieur le Curé ! prenez garde !

Ah ! quand M. le Curé, éperdu devant une telle abomination, muet, bouche béante, tremblant comme la feuille de l'arbre, s'aperçut de la monstrueuse erreur qu'il venait de commettre, il eut mal au cœur, s'évanouit et s'abîma dans la chaire comme dans un puits. On ne le vit plus…

C'est ce qui pouvait lui arriver de plus heureux.

Jugez un peu ! dans l'entrain et le feu de l'action, tant il y mit du sien, tant il s'émut pour émouvoir qu'il en perdit la tête, et qu'au lieu de sortir et d'élever le crucifix, il venait de sortir et d'élever une grosse coquine de bouteille !

Le sacristain, croyant avoir fait un péché en coupant avec trop de vin l'eau du puits, voulut faire la pénitence : il alla vite ramasser le pauvre mesquin évanoui, le chargea sur ses épaules et le porta dans la sacristie.

Là, il déchargea son fardeau, assit le dolent, et vitement ouvrit la fenêtre : le bon et grand air ranima M. le Curé.

Quand il se réveilla jamais de sa vie et de ses jours l'abbé Tabouissoun ne s'était senti la bouche plus sèche. Et vite, vite il fallut recourir à la fiole.

# LE CURÉ DE CUCUGNAN

L'abbé Martin était curé… de Cucugnan.

Bon comme le pain, franc comme l'or, il aimait paternellement ses Cucugnanais ; pour lui, son Cucugnan aurait été le paradis sur terre, si les Cucugnanais lui avaient donné un peu plus de satisfaction…

Mais, hélas ! les araignées filaient dans son confessionnal, et le beau jour de Pâques, les hosties restaient au fond de son saint ciboire. Le bon prêtre en avait le cœur meurtri ; et toujours, il demandait à Dieu la grâce de ne pas mourir avant d'avoir ramené au bercail son troupeau dispersé…

Or, vous allez voir que Dieu l'entendit….

Un dimanche, après l'Évangile, M. Martin monta en chaire.

—Mes frères, dit-il, vous me croirez si vous voulez ; l'autre nuit, je me suis trouvé, moi, misérable pécheur, à la porte du paradis. Je frappai : saint Pierre m'ouvrit.

—Tiens ! c'est vous, mon brave Monsieur Martin ? me fit-il ; quel bon vent… ? et qu'y a-t-il pour votre service ?

—Beau saint Pierre, vous qui tenez le grand livre et la clé, pourriez-vous me dire, si je ne suis pas trop curieux, combien vous avez de Cucugnanais en paradis ?

—Je n'ai rien à vous refuser, Monsieur Martin ! Asseyez-vous, nous allons voir la chose ensemble.

Et Saint Pierre prit son gros livre, l'ouvrit, mit ses bésicles :

—Voyons un peu : Cucugnan, disons-nous. Cu… Cu… Cucugnan. Nous y sommes. Cucugnan… Mon brave Monsieur Martin, la page est toute blanche. Pas une âme… Pas plus de Cucugnanais que d'arêtes dans une dinde.

—Comment ! Personne de Cucugnan ici ? Personne ? Ce n'est pas possible ! Regardez mieux…

—Personne, saint homme ! Regardez vous-même, si vous croyez que je plaisante.

Moi, *pecaïre !* je frappais des pieds et, les mains jointes, je criais miséricorde. Alors Saint Pierre :

—Croyez-moi, Monsieur Martin, il ne faut pas ainsi vous mettre le cœur à l'envers, car vous pourriez en avoir quelque mauvais coup de sang. Ce n'est pas votre faute, après tout. Vos Cucugnanais, voyez-vous, doivent faire à coup sûr leur petite quarantaine en purgatoire.

—Ah! par charité, grand saint Pierre, faites que je puisse au moins les voir, les voir et les consoler!

—Volontiers, mon ami!... Tenez, chaussez vite ces sandales, car les chemins ne sont pas beaux de reste... Voilà qui est bien... Maintenant, cheminez, cheminez droit devant vous. Voyez-vous là-bas, au fond, en tournant? Vous trouverez une porte d'argent toute constellée de croix noires... à main droite. Vous frapperez, on vous ouvrira... *Adessias*[30] *!* Tenez-vous sain et gaillardet.

Et je cheminai... je cheminai! Quelle battue! J'ai la chair de poule, rien que d'y songer. Un petit sentier plein de ronces, d'escarboucles qui luisaient et de serpents qui sifflaient, m'amena jusqu'à la porte d'argent.

—Qui frappe? me fait une voix rauque et dolente.

—Le Curé de Cucugnan.

—De...?

—De Cucugnan.

—Ah!... Entrez.

J'entrai. Un grand bel ange, avec des ailes sombres comme la nuit, avec une robe resplendissante comme le jour, avec une clé de diamant pendue à sa ceinture, écrivait, cra-cra, dans un grand livre plus gros que celui de Saint Pierre...

—Finalement, que voulez-vous et que demandez-vous? dit l'ange.

—Bel ange de Dieu, je veux savoir, —je suis bien curieux peut-être, —si vous avez ici les Cucugnanais.

—Les?...

—Les Cucugnanais, les gens de Cucugnan, que c'est moi qui suis leur prieur.

—Ah! l'abbé Martin, n'est-ce pas?

—Pour vous servir, Monsieur l'ange.

—Vous dites donc Cucugnan...

Et l'ange ouvre et feuillette son grand livre, mouillant son doigt de salive pour que le feuillet glisse mieux...

—Cucugnan! dit-il en poussant un long soupir... Monsieur Martin, nous n'avons en purgatoire personne de Cucugnan.

—Jésus! Marie! Joseph! personne de Cucugnan en purgatoire! O Dieu! ô grand Dieu! où sont-ils donc?

---

[30] Roman : *À Dieu siatz!* Adieu! Soyez à Dieu!

— Eh! saint homme, ils sont en paradis! Où diantre voulez-vous qu'ils soient?

— Mais, j'en viens, du paradis…

— Vous en venez!… Eh bien?

— Eh bien! ils n'y sont pas!… Ah! bonne Mère des anges!…

— Que voulez-vous, Monsieur le Curé? s'ils ne sont ni en paradis ni en purgatoire, il n'y a pas de milieu, ils sont…

— Sainte Croix! Jésus, fils de David! aï! aï! aï! est-il possible!… Serait-ce un mensonge du grand saint Pierre?… Pourtant je n'ai pas entendu chanter le coq!… Aï! pauvres nous! comment irai-je en paradis, si mes Cucugnanais n'y sont pas?

— Écoutez, mon pauvre Monsieur Martin! puisque vous voulez, coûte que coûte, être sûr de tout ceci et voir de vos yeux de quoi il retourne, prenez ce sentier, filez en courant, si vous savez courir… Vous trouverez, à gauche, un grand portail. Là, vous vous renseignerez sur tout. Dieu vous le donne!

Et l'ange ferma la porte.

C'était un long sentier tout pavé de braise rouge. Je chancelais comme si j'avais bu; à chaque pas, je trébuchais; j'étais tout en eau, chaque poil de mon corps avait sa goutte de sueur et je haletais de soif… Mais, ma foi! grâce aux sandales que le bon saint Pierre m'avait prêtées, je ne me brûlai pas les pieds.

Quand j'eus fait assez de faux pas clopin-clopant, je vis à ma main gauche une porte… non, un portail, un énorme portail tout bâillant comme la gueule d'un grand four… Oh! mes enfants, quel spectacle!… Là on ne demande pas mon nom : là, point de registre. Par fournées et à pleine porte, on entre là, mes frères, comme le dimanche vous entrez au cabaret.

Je suais à grosses gouttes et pourtant j'étais transi, j'avais le frisson. Mes cheveux se dressaient. Je sentais le brûlé, la chair rôtie, quelque chose comme l'odeur qui se répand dans notre Cucugnan quand Éloy, le maréchal, brûle pour la ferrer la botte d'un vieil âne! Je perdais haleine dans cet air puant et embrasé; j'entendais une clameur horrible, des gémissements, des hurlements et des jurements.

— Eh bien! entres-tu ou n'entres-tu pas, toi? me fait, en me piquant de sa fourche, un démon cornu.

— Moi?… Je n'entre pas; je suis un ami de Dieu!

— Tu es un ami de Dieu!… Eh! b… de teigneux! que viens-tu faire ici?…

— Je viens… ah! ne m'en parlez pas, que je ne puis plus me tenir sur mes jambes. Je viens… je viens de loin… humblement vous demander… si… si, par coup de hasard… vous n'auriez pas ici… quelqu'un… quelqu'un de Cucugnan!…

—Ah! feu de Dieu! tu fais la bête, toi, comme si tu ne savais pas que tout Cucugnan est ici! Tiens, laid corbeau, regarde, et tu verras comme nous les arrangeons ici, tes fameux Cucugnanais

Et je vis, au milieu d'un épouvantable tourbillon de flammes:

Le long Coq-Galine, —vous l'avez tous connu, mes frères, —Coq-Galine, qui se grisait si souvent et si souvent secouait les puces à sa pauvre Clairon.

Je vis Catarinette… cette petite gueuse… avec son nez en l'air… qui couchait toute seule à la grange… Il vous en souvient, mes drôles?… Mais passons! j'en ai trop dit.

Je vis Pascal Doigt-de-Poix, qui faisait son huile avec les olives de M. Julien.

Je vis Babet la glaneuse, qui, en glanant, pour avoir plus vite noué sa gerbe, puisait à poignées aux gerbiers.

Je vis maître Crapasi, qui huilait si bien la roue de sa brouette.

Et Dauphine, qui vendait au prix du lait l'eau de son puits.

Et le Tortillard, qui, lorsqu'il me rencontrait portant le bon Dieu, filait son chemin, la barrette sur la tête et la pipe au bec… et fier comme Artaban… comme s'il avait rencontré un chien!

Et Coulau avec sa Zette, et Jacques, et Pierre, et Toni…

Ému, blême de peur, l'auditoire gémit, en voyant dans l'enfer tout ouvert, qui son père et qui sa mère, qui sa grand' et qui sa sœur…

—Vous sentez bien, mes frères, reprit le bon abbé Martin, vous sentez bien que ceci ne peut pas durer. J'ai charge d'âmes et je veux, je veux vous sauver de l'abîme où vous êtes en train de rouler tête première. Demain je me mets à l'ouvrage, pas plus tard que demain. Et l'ouvrage ne manquera pas! Voici comment je m'y prendrai: pour que tout se fasse bien, il faut tout faire avec ordre. Nous irons rang par rang, comme à Jonquières quand on danse.

Demain, lundi, je confesserai les vieux et les vieilles. Cela n'est rien.

Mardi, les enfants. J'aurai bientôt fait.

Mercredi, les garçons et les filles. Cela pourra être long.

Jeudi, les hommes. Nous couperons court.

Vendredi, les femmes. Je dirai: Pas d'histoires!

Samedi, le meunier!… Ce n'est pas trop d'un jour pour lui tout seul…

Et, si dimanche nous avons fini, nous serons bien heureux!

Voyez-vous, mes enfants, quand le blé est mûr, il faut le couper; quand le vin est tiré, il faut le boire.

Voilà assez de linge sale: il s'agit de le laver et de le bien laver.

C'est la grâce que je vous souhaite. *Amen.*

Ce qui fut dit fut fait. On coula la lessive.

Depuis ce dimanche mémorable, le parfum des vertus de Cucugnan se respire à dix lieues à l'entour.

Et le bon pasteur M. Martin, heureux et plein d'allégresse, a rêvé l'autre nuit que, suivi de tout son troupeau, il gravissait en resplendissante procession, au milieu des cierges allumés, d'un nuage d'encens qui embaumait, et des enfants de chœur qui chantaient *Te Deum*, le chemin étoilé de la Cité de Dieu.

# BIBLIOGRAPHIE

- **Le coq**, *Revue félibréenne*, Janvier 1886. Traduit par l'auteur.
- **Chattes, chats et chatons**, *Li conte prouvençau e li cascareleto*, Avignoun, 1884. Traduction de Louis Jourdan.
- **Les danseurs de Jonquières**, *Li dansaire de Jonquiero, Revue félibréenne*, octobre 1887.
- **Mr Coumbescure**, *Le Gaulois*, 1er novembre 1873. Traduction Emile Blavet.
- **Les perdreaux**, *Li conte prouvençau e li cascarelato, emé bon noumbre d'ésti conte tradu en frances*, Avignon, 1884. Adaptation A. F.
- **Le médecin de Cucugnan**, 1868. Traduction par le Docteur P. Yvaren, l'*Hygiène pratique*, 6 mai 1883.
- **À l'hôpital**, *Li conte prouvençau e li cascarelato, emé bon noumbre d'ésti conte tradu en frances*, Avignon, 1884. Traduction E. Tavernier.
- **La chèvre**, *Le Gaulois*, 1873. Trad. Parisine.
- **Le joueur :** Joseph Roumanille, *le Courrier de Lyon*, 22 novembre 1878. Trad. L'ancien de Lyon.
- **Les arrhes :** Joseph Roumanille, *Li conte prouvençau e li cascarelato, emé bon noumbre d'ésti conte tradu en frances*, Avignon, 1884.
- **L'abbé Tabouissoun**, *Li conte prouvençau e li cascarelato, emé bon noumbre d'ésti conte tradu en frances*, Avignon, 1884. Traduction de Thérèse Roumanille.
- **Le curé de Cucugnan**, *Li conte prouvençau e li cascareleto*, Avignoun, 1884. Adaptation par Alphonse Daudet.

# Table des matières


Le coq........................................................................4

Chattes, chats et chatons.....................................8

Les danseurs de Jonquières ............................. 10

Monsieur Coumbescure..................................... 12

Les perdreaux ................................................... 16

L'ermite de Saint-Jacques................................. 21

Saint Antoine s'invite à dîner........................... 27

Le médecin de Cucugnan .................................. 33

À l'hôpital.......................................................... 37

La chèvre............................................................ 38

Le joueur............................................................ 42

Les arrhes .......................................................... 49

L'abbé Tabouissoun .......................................... 52

Le curé de Cucugnan ........................................ 56

Bibliographie..................................................... 61